红棉论丛
中共广州市委党校

丛书主编　孟源北

十年笃行

新时代广州基层党建创新之路

王　超 / 编著

广州新华出版发行集团
广州出版社

图书在版编目（CIP）数据

十年笃行：新时代广州基层党建创新之路 / 王超编著. — 广州：广州出版社，2022.9

（中共广州市委党校红棉论丛）

ISBN 978-7-5462-3502-8

Ⅰ. ①十… Ⅱ. ①王… Ⅲ. ①中国共产党—基层组织—党的建设—研究—广州 Ⅳ. ①D267

中国版本图书馆CIP数据核字（2022）第175933号

书　　名　十年笃行——新时代广州基层党建创新之路
Shi Nian Duxing—Xin Shidai Guangzhou Jiceng Dangjian Chuangxin Zhi Lu

出版发行　广州出版社
（地址：广州市天河区天润路87号9、10楼　邮政编码：510635
网址：www.gzcbs.com.cn）

出 品 人　柳宗慧

项目统筹　李良婷

项目策划　潘孟良

责任编辑　潘孟良

责任校对　李少芳

装帧设计　肖晓文

印刷单位　佛山市迎高彩印有限公司
（地址：佛山市顺德区陈村镇广隆工业区兴业七路九号
邮政编码：528313）

规　　格　787 mm × 1092 mm　1/16

印　　张　11

字　　数　200千

版　　次　2022年9月第1版

印　　次　2022年9月第1次

书　　号　ISBN 978-7-5462-3502-8

定　　价　40.00元

《红棉论丛·非凡十年（2012—2022）专辑》

总 序

孟源北

党的十八大以来的十年，是党和国家事业发展中极不平凡的十年，在以习近平同志为核心的党中央坚强领导下，我国全面建成小康社会，开启了全面建设社会主义现代化国家新征程，新发展理念深入人心，经济社会发展和生态文明建设取得了具有里程碑意义的重大成就。进入了中国特色社会主义新时代这十年，必将永载史册。

习近平总书记对广东、广州工作高度重视、亲切关怀、寄予厚望。党的十八大以来3次赴广东考察调研、两次参加全国人大广东代表团审议、多次作出重要指示批示，亲自谋划、亲自部署、亲自推动粤港澳大湾区建设。2012年12月，党的十八大后首次离京考察，习近平总书记就来到广东。总书记表示，这次调研之所以到广东来，就是要到在我国改革开放中得风气之先的地方，现场回顾我国改革开放的历史进程，将改革开放继续推向前进。2018年10月，总书记再次到广东、广州考察调研，要求广州实现老城市新活力，在综合城市功能、城市文化综合实力、现代服务业、现代化国际化营商环境方面出新出彩。

党的十八大以来，广州以习近平新时代中国特色社会主义思想指导一切工作，不忘初心、牢记嘱托，奋力实现习近平总书记赋予广州的使命任务，立足于自身深厚的文化底蕴，秉持敢为人先的改革创新精神，在经济、科技、文化、社会、党建诸领域奋发有为、励精图治。城市综合实力达至历史最好水平，科技创新能级显著跃升，城市面貌和品质焕然一新，民生福祉改善可圈可点，人民安居乐业，社会和谐，生态优美，千年古城焕发出新的活力。广州市地区生产总值从2012年的1.35万亿元跃升至2021年的2.82万亿元，累计增长1.47万亿元，年均复合增速达到8.5%。2012年，全年城镇居民人均可支配收入38054元，全年农村居民人均可支配收入16788元；至2021年，全年城镇居民人均可支配收入74416元，累计增长36362元，年均复合增速达到7.7%，全年农村居民人均可支配收入34533元，累计增长17745元，年均复合增速达到8.3%。人民群众的获得感、幸福感、安全感大大增强。

时代风云激荡，浩浩珠江两畔铺展雄伟历史画卷。在党的二十大即将胜利召开的这个重要节点上，回顾广州在新时代十年中所走过的波澜壮阔历程，呈现广州在新时代十年中所发生的巨变，具有重要意义。

其一，广州新时代十年的改革创新发展实践，深刻反映了习近平新时代中国特色社会主义思想的真理特征，广州所有的拼搏奋进、所取得的成就与创造的经验，均是习近平新时代中国特色社会主义思想在引领党、引领国家、引领时代的具体实践。

其二，广州新时代十年的改革创新发展实践，生动诠释了中国特色社会主义新时代这一重大概念的深刻内涵，丰富和延伸了中国特色社会主义新时代的精神和意义，是中国特色社会主义新时代取得历史性成就、发生历史性变革的重要组成部分。

其三，广州新时代十年的改革创新发展实践，形象展现了理念创新与实践创新相结合的经典案例，在高质量发展、城市治理现代化、打造文化强市以及基层党的建设等重大主题方面，均形成了理论与实践的深刻认识和丰富经验，具有相对完整的体系性与鲜明的示范性。

总之，回顾与总结广州新时代十年践行习近平新时代中国特色社会主义思想的做法经验，展现广州新时代十年丰富多彩的发展变化，可以进一步深化广州城市改革创新发展进程的研究，为我国高质量发展提供城市样本。

基于以上认识，我们在广州出版社的支持下，调研编写出版了《红棉论丛·非凡十年（2012—2022）专辑》，选择从科技创新、城市更新、国有经济、基层民主、文化建设、基层党建等六个方面，进行呈现与建构、分析与总结，以期多角度展示新时代广州在习近平新时代中国特色社会主义思想引领下所发生的深刻变化和取得的辉煌成就。具体专题为《十年飞跃——新时代广州科技创新之路》《十年嬗变——新时代广州城市更新之路》《十年精进——新时代广州国有经济发展之路》《十年砥砺——新时代广州基层民主治理之路》《十年欣荣——新时代广州文化发展之路》《十年笃行——新时代广州基层党建创新之路》。

历史长河从过去奔涌而来，正向未来逐浪而去。让我们与新时代同向同行，全面深入践行习近平新时代中国特色社会主义思想，发挥广州国家中心城市和综合性门户城市引领作用，全面增强国际商贸中心、综合交通枢纽功能，培育提升科技教育文化中心功能，着力建设国际大都市，奋力打造中国特色社会主义城市典范，推动实现老城市新活力、"四个出新出彩"取得新的更大成就。

2022年7月

（作者系中共广州市委党校常务副校长、研究员）

目 录

引 言

习近平总书记在庆祝中国共产党成立100周年大会上的重要讲话中深刻指出："办好中国的事情，关键在党。"中华民族复兴之路上许多看似顺理成章的辉煌和成就背后，实际上包含了历史行动者无比艰辛的探索、追求和奋斗，必须要有足够的力量支撑。中国共产党一百年的历史证明：近代以来的中国历史发展和社会结构性质决定了要实现中华民族的伟大复兴和现代化建设目标必须要有强有力的政党领导，而政党的强有力关键在于能够广泛凝聚各种积极的社会力量和政治力量，形成人民伟力。广州作为中国近现代革命的策源地，因其举足轻重的历史地位而在中国共产党的历史上熠熠生辉。翻开风云激荡的历史篇章，以1840年鸦片战争为开端的中国近代史，在反帝反封建的斗争中，早期广州工人运动蓬勃发展，实现了与马克思主义的结合，让广州成为最早成立早期共产党组织的六个城市之一，在党的创建史上留下了浓墨重彩的一笔。从1922年"中共广东区委"成立到党的三大在广州召开，再到1949年"广州全境解放"；从"广州农民运动讲习所"开办到"广州起义创建苏维埃政府"；从通往世界"南大门"到改革开放的试验田；广州既是党的建设和成长的历史见证，充分说明了"党的建设必须与使命任务有机统一起来"的道理，又是党的力量的呈现形态，彰显了"党只有凝聚于人民之中，才能使人民通过党的作用而实现凝聚和团结"的行动逻辑。

新时代擘画新蓝图。新使命更需强力支撑，不仅要凝聚全党的力量来推动，而且要凝聚全社会的力量来实现。只有牢固树立大抓基层的鲜明导向，把抓基层、打基础作为长远之计和固本之举，推动基层建设全面进步、全面过硬，让党的旗帜在每一个基层阵地上都高高飘扬起来，才能更有力地将群众组织起来，凝聚起支撑事业发展的磅礴力量。广州市承担着"粤港澳大湾区核心引擎功能"和实现老城市新活力的时代使命，必须提高政治站位，紧紧围绕新时代党的建设总要求，着眼于新时代党的建设总体布局，使党组织全面融入社会，切实表达、维护人民群众根本利益，从而真正成为社会与国家、民众与政府、民众与民众之间利益关系协调的核心力量，成为进入社会深处、站在群众利益前沿的先锋力量和代表力量。

如果用最简洁明了的话语表达广州党建的鲜明特点，那就是“务实”，所务之实是群众需求之实。这种务实不是停留在表面的“虚功”，而是入心的“实功”。像车陂街东岸社区党支部第11网格党小组长期帮助患脑溢血中风瘫痪的芬姐，考虑到芬姐的口味，还专门教保姆做广东饭菜。这不是个案。类似这样的例子，在广州市的各个基层组织中屡见不鲜。只有务群众需求之实，才使得基层党组织能够成为凝聚群众的战斗堡垒，使党员成为团结群众的先锋模范，让人民群众紧紧团结在党组织周围。

那么，广州“党建功夫”的门道在哪里呢？

一是从解决群众琐事中了解民情。广州市荔湾区红棉社区的“一方有难、八方支援”、海珠区赤岗街的“旧厂房变创意园、旧楼加装电梯”、越秀区三角市党员义工队的“十年如一日”等鲜活的事例解决的都是诸如居民小区道路破损、路灯不亮、“空巢”老人无人帮等“小事”“琐事”。然而就是通过事情的“小”“琐碎”，群众感受到了党组织的温暖。解决小问题却产生了大影响。小问题解决得好，换来的是民意这一无价之宝。只有把解决群众的苦事、难事、烦心事当成自己义不容辞的职责，才能在党和群众之间搭建起“连心桥”，才能形成党群之间的鱼水真情。

二是从扩大群众参与中汇聚民智。群众是真正的英雄，群众中蕴藏着取之不尽的无穷智慧。只有积极扩大群众参与，汇聚民智，才能成就我们的事业。逢源街通过“三社融合”，联合社会组织、社工团体等基层治理主体，打造社区共同体。赤岗街组建的“赤岗地区党建联合促进会”，把隶属不同系统、掌握不同资源、比较松散的党组织联系成为紧密型的党建共同体，汇聚民力民智，推进资源共享，服务共担，工作共推。这些创新实践都使群众在参与中获得了使命感、荣誉感，增强了集体意识。同时党员和群众“泡”在一起，与群众感情深了，赢得了群众的信赖和认同，巩固了党的执政基础。

三是从赢得群众认同中凝聚民心。民心是最大的政治。要凝聚民心，除了帮助群众解决亟待解决的问题之外，还要加强对群众的思想政治教育，向群众宣传党的路线、方针、政策。只有在理念和思想上赢得群众认同，才能使群众真正凝聚在党组织周围。81岁老党员的“如何成为一名合格党员”的党课、党史教育基地的红色精神传播、赤岗街在“党建+”实践基地举办的峥嵘事迹专题展及光辉岁月实物展等传播了党的精神，不仅教育了党员，而且赢得了群众对党组织的向心力。

“永远保持对人民的赤子之心”，这是习近平总书记对全体党员的寄语，也是基层党建的基本价值取向。只要每个基层党组织和每个共产党员都有强烈的宗旨意识和责任意识，都能发挥战斗堡垒作用、先锋模范作用，贴近百姓的疾苦、成为百姓的主心骨，我们党就会很有力量，我们的事业就会很有前途。广州的经验启示基层党建必须以群众需求为根本导向，使党组织的服务与基层群众的所需所盼同频共振、相得益彰，把服务做到群众心坎上。只有让群众真正得实惠，才能使群众紧紧地团结在党的周围。

第一章

固本：加强基层服务型党组织建设

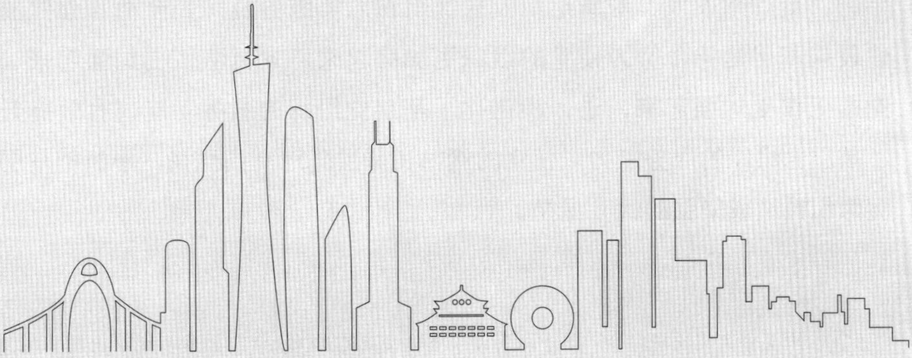

求木之长者，必固其根本。2013年，习近平总书记在全国组织工作会议强调基层党组织服务功能时指出：“党的十八大提出了加强基层服务型党组织建设的重大任务。当前和今后一个时期，要以此来指导党的基层组织建设。”[①]“我们党的基层党组织和党员队伍，这是世界上任何其他政党都不可能具有的强大组织资源。把基层党建工作抓好了，我们的基层党组织牢不可破，我们的党员队伍坚不可摧，党的执政地位就坚如磐石，党和人民的事业就无往而不胜。”[②]对于一个拥有490多万个基层党组织和9670多万名党员（截至2021年底）的世界第一大执政党而言，强基固本至关重要。新形势下，基层党组织服务群众、做群众工作的任务更为繁重，这对强化基层党组织的服务功能提出了新的要求。党的十八大作出创新基层党建工作，加强基层服务型党组织建设的重大部署，首次把建设学习型、服务型、创新型马克思主义执政党作为推进党的建设的新的伟大工程的总体目标，要求以服务群众、做好群众工作为主任务，加强基层服务型党组织建设，对于密切党同人民群众的血肉联系，提高党的执政能力、夯实党的执政基础，具有重要意义。广州市各级党组织把抓基层强基础工作摆在更加突出的位置，紧紧围绕夯实党执政的组织基础，坚定不移贯彻落实新时代党的组织路线，以“服务发展、服务社会、服务群众、服务党员”为主题，坚持解放思想，创新理念，积极探索，大胆实践。坚持“大党建”“大基层”“大服务”三大服务理念，充分整合机关、村社、楼宇、“新广州人”、两新组织及驻区组织六类服务资源，全面加强党的建设向基层延伸，努力使党的组织更加强起来、党员队伍更加强起来、党的工作更加强起来，进一步强化了基层党组织的服务功能，有效提升了基层党组织的服务能力，使党的旗帜在基层阵地高高飘扬，不断把基层党组织锻造成坚强的战斗堡垒。

---

① 中共中央文献研究室：《十八大以来重要文献选编（上）》，中央文献出版社2014年版，第351页。

② 孙庆聚：《持之以恒抓基层打基础》，《人民日报》2020年8月11日。

一、坚持三大服务理念

理念是行动的先导。没有理念创新的先行，就没有实践的创新。在《汉语大辞典简编》（汉语大辞典出版社1998年版）中，“服务”是指为社会或为他人利益办事。“服务”作为利他的一种活动，是一种无偿性质的行为。由此可见，“服务型党组织”中的“服务”即是从社会的角度，以满足他人的利益，利他的行为活动。[①]而“服务型”则指一类具有服务特征的运行理念和模式，是新型党组织建设的一种形态。广州市自觉适应新形势、新要求，牢固树立“大党建”“大基层”和“大服务”三大理念推进基层服务型党组织建设，坚持把服务改革、服务发展、服务民生、服务群众、服务党员作为基层党建工作的出发点和落脚点，进一步突出党组织领导核心地位，把提升党组织为民服务能力作为践行群众路线的一项重要措施，用新思路、新视角分析问题，用新方法、新举措解决问题，切实激活了基层服务型党组织建设的内生动力。

（一）坚持大党建理念，服务中心工作

“大党建”理念，是指基层党建工作要适应社会治理规律，突破科层制党建惯性，从纯粹的权力控制和权力统合的职能中走出来，更多地在社会层面发挥利益表达、利益整合、联系群众、协调关系、组织动员、凝聚社会、引导社会的功能，通过合作与服务使政府机关、社会团体、两新组织的发展功能围绕中心工作，实现“党务促业务”的效果。广州市在推动基层党建工作中深刻认识到，在科层制结构体制下，长期以来的“党建覆盖”工作通过权力的强制性来配置资源的管理模式，虽然能够在社会多元主体中发挥政治保障、组织动员、资源整合的作用，但是在社会治理功

① 蒙慧：《中国共产党推进服务型党组织建设研究》，广西民族大学硕士学位论文，2014年，第12-14页。

能上并不能有效实现“党务促业务”的服务效果。必须坚持“大党建”理念，不断加深对基层服务型党组织建设内涵的认识，改变以往“关门抓党建、闭门讲奉献、守门搞服务”的做法，不断探索基层服务型党组织建设的实现路径。

一是紧紧围绕“群众获得感”构建服务格局。群众路线是我们党根本的政治路线和组织路线。习近平总书记指出：“我们要坚持党的群众路线，坚持人民主体地位，时刻把群众安危冷暖放在心上，及时准确了解群众所思、所盼、所忧、所急，把群众工作做实、做深、做细、做透。”[①]服务型党组织建设要把群众的利益作为一切工作的出发点，要求广大干部要从群众中来到群众中去。根据中央《关于加强基层服务型党组织建设的意见》，广州市推行街道“大党工委”制、社区“大党委”制和“兼职委员”制，依托“一家一站一中心”（社区党员之家、街道党员服务站、区党员管理中心）党内服务三级网络，打造区“政务服务中心”、街道“公共服务站”和社区“公共服务点”的“便民服务直通车”工程，建立“便民、就业、家政、养老、卫生、文化”等服务平台。发挥党组织的政治引导功能，积极盘活党建资源，调动各方面的积极性和创造性，为群众提供“一站式”服务，实现社区居民“15分钟服务圈”。广泛开展以党员为骨干的各类志愿服务，组织各类专业人才和实用人才开展服务，培养群众服务骨干，引导群众参与服务、自我服务、互相服务，形成以党组织为核心、全社会共同参与的服务格局。例如，2012年11月，中共广州市从化区委和区委组织部根据中共中央、中共广东省委及中共广州市委（以下简称广州市委）的关于打造农村基层组织“便民服务直通车”工程的意见精神，制定了《关于打造农村基层组织“便民服务直通车”工程的实施方案》，提出了“规划先行，经费保障，建设统一、分类实施”的工作思路，明确了目标要求、工作措施和经费保障机制，严格分类标准，计划打造一批一级“示范型”、二级“标准型”和三级“简易型”行政村公共

---

① 习近平：《全面贯彻落实党的十八大精神要突出抓好六个方面工作》，《求是》2013年第1期，第6页。

服务站。方案提出，2012年底前全面开通农村基层组织“便民服务直通车”，实现镇（街）、行政村和自然村三级服务网络全覆盖。要求通过“便民服务直通车”工程建设，把服务送到群众家门口，做到群众“办小事不出村、办大事不离镇”，切实把“便民服务直通车”工程打造成群众满意的惠民工程。

二是开展“书记抓、抓书记基层党建创新项目”强化服务功能。2013年，广州市出台《中共广州市委组织部关于实施2013年度基层党组织建设“书记项目”的通知》，在全市各党（工）委中实施以建设基层服务型党组织为重点的基层党组织建设“书记项目”，按照书记领办、组织部门（机关党委）主办、基层党组织承办的“三办”工作机制，上下联动、合力推进、齐抓共管。原则上广州市各区委和广州市直部门的“书记项目”，由各区委和市直部门提报，广州市委研究确定，各区委和市直部门书记负责，再由区委和市直各单位组织部牵头实施。各区参照市级“书记项目”管理办法，由各党工委提报，区委研究确定，党工委书记负责实施街道党工委“书记项目”；由部门党组（党委）提报，区委研究确定，部门党组（党委）书记负责实施区直部门党组（党委）“书记项目”。通过实施“书记项目”，集中打造一批示范型、推广型、创新型基层党建工作项目，破解了一批基层党建工作难点、热点问题，推动基层党建工作创新发展取得较大成效。例如，广州汽车集团股份有限公司（以下简称广汽集团）党委坚持以改革创新精神推进基层党建工作，由集团党委书记领头，借鉴项目管理运作方法，创新开展“书记项目”党建品牌创建工作，突出“书记带头抓、工作项目化”，每年组织谋划和确定“书记项目”主题，统筹部署全年项目推进工作。由集团下属投资企业党组织书记领题，结合企业党建及生产经营实际，确定本企业年度“书记项目”课题方向、实施目标，指导党工部门开展目标分解、制定实施方案和推进各项工作。各基层党（总）支部书记根据上级党委“书记项目”指标分解情况，结合支部工作和业务实际，确定三级党（总）支部“书记项目”课题，将“书记带头抓”落实到“最后一公里”，构建起“一级抓一级、层层抓落实”

的工作格局。做到党组织书记述职述“书记项目”、群众评议评“书记项目”、年度考核考“书记项目”，层层压实责任，推动企业党组织体系上下贯通、执行有力，提升企业党建工作的凝聚力。连续9年累计实施的1729个优秀“书记项目”，助力广汽集团在汽车行业激烈的市场竞争中脱颖而出，总体较好地完成“十三五”规划各项主要任务，为“十四五”开好局奠定了坚实基础。又如，从化区根据广州市委要求，出台从化区委组织部《关于实施基层党组织建设“书记项目”的通知》，坚持从实际出发、因地制宜，有效整合镇、村现有资源，通过改建改造、优化布局、整合服务、强化功能，积极推进村级公共服务站建设，按照 “三个三”（实施“三确定”、加强“三规范”、落实“三联结”）工作法，认真开展便民服务工作，解决原来存在的门难进、脸难看、事难办以及办事简单粗暴的问题。从化区的“书记项目”，通过推行“三个三”工作法，进一步完善从化“便民服务直通车”各项运行机制，使各项工作有章可循、有规可依，实现用制度规范事、用制度约束人，进一步体现基层组织便民、利民、亲民服务态度，有效提升改善了基层党委、政府、基层组织在群众心目中的形象。

三是实施“羊城村官上大学”工程，培养骨干力量。2012年以来，广州市持之以恒推进“羊城村官上大学”工程，先后印发出台《关于组织实施“羊城村官上大学”工程的通知》和《广州市优化提升“羊城村官上大学”工程的实施方案》，将学历班招生对象适当扩大到基层优秀党员，明确“羊城村官上大学”工程的大专、本科班学制均为两年半，分别需要修完22门、24门课程。在具体课程设置上，通过“菜单定制”的方式，为农村、城市社区不同领域的学员班量身定制差异化的课程表，学历班约40%的课程是根据基层干部实际从特色课程中选择配置，较好地实现了课程内容与基层干部岗位实际相匹配。为减轻基层干部学费负担，广州市一级财政每年投入1988万元建立行政村党建工作专项资金，用于支持“羊城村官上大学”工程等基层党建工作。同时采取“三个一点”（市区财政补一点、学校减一点、自己出一点）的方式，基层党员干部仅需自付1500元就能完成整个本科或者大专学历学习，只占本科（需7500元）、大专（需6500元）学杂费总额的1/5左右。广州市着眼于村（社区）长远发展，以“123”为纲，推动“羊城村官上大学”工程优化升级。“1”即扭住“一个重点”，紧盯村（社区）党组织书记这个重中之重，选送尚未达到大专学历的党组织书记参加学历层次提升教育；“2”即推动“两个延伸”，将教育层次由大专向本科学历延伸、教育对象由农村向社区干部延伸；“3”即实现“两委”干部、后备干部、集体经济组织班子成员参加“羊城村官上大学”学历教育“三个覆盖”，确保全市村（社区）党组织书记大专以上学历占比达到90%以上、“两委”班子成员大专以上学历占比达到80%以上。近10年来，累计招生11939名，毕业人数6186名，推动村（社区）“两委”干部和党组织书记大专以上学历占比分别由2012年的29%和41%提高到2020年的67%和78%。在此期间，共有147名学员受到上级提拔重用，139人成为各级人大代表，营造了乡村干部群雁齐飞的新局面，在打造高素质专业化基层干部队伍方面形成了广州模式、羊城经验。①

（二）坚持大基层理念，明确基层导向

在基层社会治理改革中，“加强基层社会管理和服务体系建设，增强城乡社区服务功能”②成为基层社会管理体制改革的目标。在基层社会治理体系中，基层党组织居于核心领导地位。基层党建与基层治理相融合成为促进基层治理体系与治理能力现代化的必然要求。“大基层”理念，是指以实践党的群众路线作为根本工作方法，依托“两代表一委员工作室”“一队三中心”等平台，采用机关下基层、城乡结对子、在职党员领导干部进社区等方式，把基层作为党建工作的重要阵地，在党建工作中将目光聚焦在基层，将重心下放到基层，尊重基层首创，把基层党建工作的

① 何道岚：《八年11939名羊城村官上大学》，《广州日报》2020年6月22日。

② 胡锦涛：《坚定不移沿着中国特色社会主义道路前进 为全面建成小康社会而奋斗——在中国共产党第十八次全国代表大会上的报告》，人民出版社2012年版。

着力点从一般性的任务安排转变到切切实实为基层组织提供的优质高效的服务保障上来，从工作思路、政策措施、资金投入等方面给基层组织工作开展提供积极支持、营造良好环境。广州市以2012年基层组织建设年为契机，乘势而为，把中共中央、中共广东省委的部署和要求与本地实际紧密结合，坚持大基层理念，探索出一份强化基层组织建设、巩固党的执政之基的成功样本。

一是坚持工作重心下移。广州市针对街道社区党组织“小马拉大车”、责权利不对等、工作推进难度大等突出问题，印发《深化街镇管理体制改革完善基层治理体系实施方案》。明晰街道社区职能定位，按照党政综合办公室等“6+1”模式，优化街镇机构设置和职能配置，建立权责清单和事务准入机制，通过“减上补下”、区内调剂、市级补充方式，从市直单位压缩事业编制充实街道，充分发挥镇（街）党（工）委统筹协调各方、领导基层治理的作用，推动重心下移、权力下放、资源下沉，着力做实街道、做优社区，使街道社区有更多时间去为群众服务，强化镇（街）进一步聚焦抓党建、抓治理、抓服务的主责主业，更好地聚人心、树形象、立威信。广州市建立下移动力机制，开展“五到”活动，即到社区、到楼宇、到企业、到学校、到急难险重基层第一线，由区委主要领导带队示范，梳理解决党建工作在全局谋划、干部人事制度改革、人才集聚、基层党建和自身建设上存在的难题。通过在各社区增设专职党务副书记，提高基层党支部书记（非在职在岗）的补贴，加大对基层党务工作者的物质和精神鼓励。建立党建创新项目管理制，培育和打造一批引领方向、富有特色、创新示范的基层党建品牌，在政策完善、机制健全、党内关怀激励等方面加大力度，从思想、生活、能力、发展等多角度为党员干部的发展提供条件。努力使困难党员有保障、普通党员有发展、干部党员有奔头、基层工作有条件，不断增强基层党组织的凝聚力和创造力。广州市海珠区南华西街将党代表工作室延伸到“街坊会所”和工业园区，让“代表走出门”——组织党代表开展社区走访、视察、调研等活动，通过领导联系结对、党员志愿者串门、居民群众幸福指数调查及党务政务公开等活动，问需于民；将“群众请进门”——通过安排党代表值班接访、设立群众意见箱、开通群众服务热线电话、邀请群众参加征集意见座谈会及开设社区论坛等活动，问计于民。在全面、准确、及时收集社情民意的基础上，街道每年抓好“十件”民生实事，开展“千名党员结对千户家庭”活动，解决群众普遍关注的迫切问题。在区委、区政府的大力支持下，南华西街建成500多平方米的独具岭南传统古典风格的街坊会所，引入专业社工组织，为居民群众提供党代表接访、居家养老、幼儿托管、残疾人辅助等服务，逐步将社区党建融入社会化服务。

二是推进基层减负增效。广州市出台《广州市村（居）委会协助政府工作准入事项管理办法》，梳理《广州市村（居）委会协助政府工作事项清单》，专门印发《关于进一步为基层减负的若干措施》，制定厘清村（居）委会权责边界、减少基层填表报数等为基层减负的8条改革措施。实行社区事务准入制，将全市社区协助事项35类175项缩减至15类76项。印发实施《关于开展村（社区）办公场所挂牌和上墙制度专项整治行动的通知》，集中整治牌子多、台账多等问题，引导全市社区党组织进一步聚焦主责主业，强化服务功能。着力健全党建引领下多方参与的协同共治机制，采取“1+*X*+*N*”运行模式，以行业、产业、产权为纽带，推动关系互不隶属、层级高低不同、领域多元多样的各类企业开展党组织共建、阵地共享、活动共办、难题共解等共建模式。用党的政治优势、组织优势整合社会资源，动员各界力量充分参与到决策中来，齐心协力解决治理难题、办好民生实事，形成“一呼百应”的工作格局。深化“党群联动、活力社区”建设，通过实施党建引领办好长者饭堂、旧楼加装电梯、老旧小区微改造等活动，全市建成长者饭堂1036个，旧楼加装电梯9183台，解决群众身边的烦心事、操心事、闹心事。建立《市、区属企业参与城乡社区治理工作目录》，推动市属企业与社区结对共建，撬动社会资金参与社区建设，499家服务机构入驻参与社区服务。持续推进“有事好商量，请到议事厅”的“城乡社区协商工作法”，增强民事民议、民事民管、民事民办的治理活力。全市建成2759个村（居）民议事厅，协商审议集体资产事项、化解7200多个基层矛盾。实施“社工+”服务模式。新冠肺炎疫情防控期间，全市69万余名社区志愿者深入一线开展工作，服务居民200多万人次。打造市民群众自发参与的“广州街坊”群防共治队伍，建设奉献、互助、友爱的“志愿之城”，探索符合群众“云生活”需要的虚拟空间共同体建设，招募“民间河长”，助力全市147条黑臭河涌全部消除黑臭，车陂涌、双岗涌、景泰涌整治入选全国治水典型案例。[①]

三是坚持基层需求导向。广州市坚持以群众呼声为第一信号，全市11个区聚焦提升基层党组织政治功能、组织功能和服务功能，打造“令行禁止、有呼必应”综合指挥调度平台。按照区、镇（街）、村（社区）、网格“四级响应、接诉即办”的要求，理顺条块关系，联通信息“孤岛”，把事关城市运行和群众利益的各类数据和系统集成到指挥调度平台上来，推动形成跨部门、跨层级、跨区域的协同运行体系，实现“一屏观天下、一网管城市”。各区各镇（街）已全部建成“令行禁止、有呼必应”综合指挥调度实体化平台。2020年累计承接呼应工单超817万件。同时，广州市大力推进数字政府建设，完善部门与部门、部门与基层之间常态化沟通机制，聚焦交通堵塞、生态环境、安全生产等难点问题，优化公共数据采集质量，加强公共数据智能化研判。在消防、防灾减灾、安全生产、危化品管理等重点领域推广使用物联传感、智能预测等技术，增强城市综合管理的监控预警、应急响应和跨领域协同能力，实现全过程各环节预警监管处置，让城市运行更智慧、更高效、更安全。大力推动党组织和在职党员“双报到”，推进机关企事业单位党组织、在职党员到街道社区报到并开展服务常态化。全市逾3000个驻区单位党组织到街道报到，27万多名在职党员回社区报到，全国、省、市、区、镇五级党代表到村（社区）党代表工作室（站）履职，成立党员服务队1925支，为群众办实事24万余件。[②]同

① 《广州治水成绩单：147条水体消除黑臭，污水处理能力第二》，搜狐，2020年12月29日，https://www.sohu.com/a/441212077_260616.

② 《广州市：全域统筹 多元融合 探索超大城市基层党建新路径》，《中国城市报》2021年1月19日。

时，全面开展“四个一”活动，即共同开展一次主题党日活动、一次党课、一次组织生活会、一次帮扶慰问，把街道社区、驻区单位、城市新兴领域党建融合起来，打破不同类型党组织之间各自为政的壁垒，实现党建工作融合，推动党建资源共享、平台共建、工作共抓，构建“大党建”工作格局。

（三）坚持大服务理念，强化服务宗旨

强制性、命令性的方式在基层治理中已经难以奏效，而“骨干示范、绩效合法性、重塑意识形态和柔性动员等方式”往往能够得到社区群众与社会组织的响应。①在新的历史条件下推进基层党建工作，最有效的方法就是促进政党回归社会，以实际行动落实好服务党员、民众、社会的职责。“大服务”理念，是指在基层党建工作中改变以往服务主体单一、服务范围狭窄、服务渠道不足等问题，通过整合服务资源形成服务合力，通过拓展服务视野丰富服务内容，通过整合服务平台，拓展服务渠道，推进基层服务型党组织建设工作。广州市坚持“大服务”理念，推动服务优势互补、资源整合、区域联动、整体推进，形成了基层服务型党组织建设的开放性“大服务”格局。

1. 结对帮扶、为民服务全程代理

早在2004年，从化区鳌头镇辖下的鹿田村，率先采取了由村干部为村民到镇上代办事务的举措。这一做法受到村民的广泛欢迎。从此，代办服务成为鹿田村村干部的工作特色和优良传统。根据中共广州市委办公厅、市人民政府办公厅印发的《关于打造农村基层组织“便民服务直通车”工程的意见》，在镇有关部门的支持指导下，公共服务站在鹿田村、中塘村开始试点，代办服务、释疑、调解等工作逐步开展起来。2013年上半年，全镇村级公共服务站共为群众办事16100多宗，惠及37300多人。

---

① 张振洋、王哲：《有领导的合作治理：中国特色的社区合作治理及其转型——以上海市G社区环境综合整治工作为例》，《社会主义研究》2016年第1期，第82页。

首先，“三明确”确保服务全方位。明确职责——以为民代办事项为主要职责，以为民便民、方便群众办事、密切群众关系为目的，实现为民服务零距离。建立挂牌服务、首问责任、全程代办等多项制度。通过一站式、网络式、集中式、预约式、上门式等多种方式，及时为群众提供方便快捷服务。明确内容——将劳动就业、养老保险、社会救助、社会福利、退管服务、人口和计划生育、新型农村合作医疗、涉农补贴等涉及群众生产生活需要的各类事项纳入服务范畴。明确程序和制度——按照能并则并、能简则简、能省则省、能快则快的工作原则，大力精简审批事项，重点对服务审批项目、时限、程序、流程等内容进行优化调整。推行政策咨询、业务审批等服务。优化办事流程、缩短工作时限，降低办事成本，让办事群众真正省心、省力、省时、省钱。全面加强联系服务群众制度建设，建立健全联席制度、考勤制度、纪律制度、保障制度、监督制度和考评制度等一批有用实用管用的制度，对服务工作人员的工作作风、工作重点、工作方式方法等内容都提出了明确要求。例如，街口街石潭村在2014年的“5·23”洪灾中，专门在“便民服务直通车”中开通三个绿色窗口，接待群众前来反映房屋倒塌和农田被淹等灾情。在短时间内完成灾情登记工作，并在灾后逐步协助解决实际困难，有力促进了抗洪救灾和灾后重建工作。又如，城郊街城康村在“便民服务直通车”建设中开展特色服务，由驻村公务员组建便民车队，为村民提供服务。一次，村民张某突发疾病需要紧急送院，其家属拨打了便民车队电话，车队队员5分钟不到就赶到其家门口并将张某及时送往医院抢救。

其次，“三规范”便利于民。严格把关代理服务的受理、承办和回复三大环节。各村级公共服务站通过建立全程代办、公开办事、村主要干部每周轮流坐班、集中办公、电话受理、绩效考核等工作制度，做到“一旦受理、全程服务”。村级公共服务站办事流程上墙公开，对每月办理结果实行一月一报。对村民要求办理的事项，采取即办、承诺办理时间和告知上报等形式，做到“事事有答复、件件有着落”。印制《村级公共服务站服务指南》和《便民服务卡》，公开服务内容、服务电话，免费向村民发放，真正做到全天候贴心服务。推行首问责任、一次告知、限时办理、上门服务、服务承诺等制度，确保承诺落到实处。推出党员志愿服务制，与深化完善“星期一”服务例会制度、镇街干部与村干部集中办公日制度等相结合，开展集中服务。实行年老体弱、生活不便村民预约办理、上门办理等服务制度，实现服务“零障碍”。第一方面，规范服务站点建设。按照分类实施，稳步推进的原则，建立健全一级“示范型”、二级“标准型”和三级“简易型”行政村公共服务站三类型的标准，从办公设施、服务功能、工作人员配备、规章制度等方面列出分类进行建设。同时，要求公共服务站建设标准要做到“六个有”：有场所、有牌子、有设施、有人员、有制度、有台账。要求做到“八个统一”，即各行政村公共服务站建设统一命名为“××村公共服务站”，人员统一由村“两委”干部、驻村干部、大学生村官、中共党员、入党积极分子和村后备干部组成，统一在村委会驻地单独或联合设立，统一实行柜台式服务，统一配备电脑等办公设施，统一服务内容和全流程服务制度，统一设立岗位，统一编印相关规章制度和办事指南等工作资料。建设联系点。实行镇街干部联系服务代办点、一个驻村干部负责一个代办点的工作办法，促进了各代办点的规范化建设。第二方面，规范服务队伍建设。配备好服务站工作人员。服务站工作人员以村“两委”干部、驻村干部、大学生村官和后备干部等为代理代办主体，广泛吸收村中党员、入党积极分子等人员。加大对工作人员的培训力度。加强政治理论学习和宗旨观念教育，提高政治敏锐性和对事物发展的判断力，帮助工作人员牢固树立全心全意为人民服务的思想观念。实行“走出去、请进来”工作办法。带领服务站工作人员外出学习，邀请相关业务人员、优秀人员对代办点进行现场指导，不断提升代办点的综合水平。第三方面，规范服务流程管理。严格把关受理、承办和回复三大环节。如吕田镇村干部将自己的服务内容、服务时限、服务标准等事项向群众作出公开承诺并予以公示。

再次，“三联结”让服务全覆盖。第一方面，以“一员、一箱”为联结点，构建干群联系线。每个村公共服务站明确1名信息员，随时反映群众的诉求、意见和建议。每个村公共服务站设置一个民情联系箱，与群众保持密切联系。第二方面，以“一报、一查”为联结点，构建信息沟通线。村公共服务站建立村情通报制度，对群众反映的重大事项随时通报。建立问题排查机制，每月对村级公共服务站收集群众意见进行一次汇总排查，对排查出的意见登记造册，制定应对措施。第三方面，以“一诺、一册”为联结点，构建为民服务线。实行便民服务承诺，代办员对便民服务进行承诺，并向群众公示，接受群众监督。向代办员印发《便民服务册》，对群众的困难和问题、便民服务等方面情况进行详细记载。如吕田镇份田村村民黄观扶想办理新农保，由于他年老行动不便，负责该项工作的驻村公务员到他家中，将购买新农保的信息和要求、需要交的资料详细告诉他，并将他的资料复印好，亲自去银行帮他缴纳费用，真正实现服务群众“面对面”“零距离”。

2. 促进融合、流动人口关爱服务

广州市在流动人口聚集区域开展“新广州人”党建探索，在流动人口当中寻找党员，建立党组织，打造综合服务中心，探索“新广州人”的自我管理和服务，实现基层组织由“管理型”向“服务型”转变，促进外来人员管理与社区管理的和谐统一。海珠区南洲街建立“新广州人”党总支1个、党支部12个，将305名流动党员纳入管理服务。在罗马家园一楼创建全市首个“新广州人”和党员综合服务中心，该服务中心面积为250平方米，集会议室、阅览室、多功能电教室、阳光心理咨询室、文体活动室及对外服务窗口等功能于一体，配备了先进的媒体设备和丰富的文娱设施。街道充分利用中心打造服务平台，引入职能部门、律师、志愿者等定期提供劳动就业、技能培训、法律援助、心理咨询等服务，并先后向“新广州人”党员发送活动简报14期，各类信息2.5万余条。而“新广州人”在党员的示范带动下，通过“新广州人”志愿服务队积极参加消防安全宣传演练、“三打两建”等活动，逐步融入社区、参与社会管理，共同建设幸福广州。海珠区凤阳街打造“平安幸福联谊会”，在辖内外来人口较密集的地方分片建立3个异地务工人员活动中心。发挥“幸福联谊会”党支部党员在流动人口中的领袖作用，协助街道开展与群众的沟通交流、矛盾化解等工作。同时，以活动中心为阵地，增设娱乐设施免费开放，定期组织“凤阳达人秀”、地区篮球联赛、播放电影等形式多样的文化活动，丰富党员群众的业余生活。同时，在活动中心引入慈善基金和专业社工组织，实施为期三年的关爱“新广州人”子女教育和健康成长的“小雁子”项目，为党员群众提供子女课后托管和成长辅导等服务，受到普遍欢迎。会员总数已超过1万人次，3万多人直接受益。海珠区瑞宝街与广西钦州市钦南区那思镇开展党建协同共治，成立了地缘型的那思镇在穗“新广州人”党支部，充分发挥党员在“同乡部落”的影响力，带动同乡积极投身创文、赈灾捐款等活动，改变以往同乡中经常有人在广州以身试法，每年至少发生四五宗犯罪案件的情况。[①]

二、整合六类服务资源

基层服务型党组织建设，从根本上说是整合服务资源，为服务对象提供优质高效服务的过程。加强基层服务型党组织建设是坚持党的性质、践行党的宗旨的内在要求，是在新的历史起点上夺取中国特色社会主义新胜利的战略需要，是适应基层党组织活动环境变化的现实选择，是提升基层党组织自身建设水平的有效途径和有利抓手。[②]因此基层服务型党组织建设的一项重要工作，就是要对不同来源、不同层次、不同结构、不同内容的，能够服务发展、服务社会、服务群众、服务党员的各种资源进行识别、选择与优化配置，实现服务资源的配置最优化。抓城市基层党建，既

① 《海珠基层服务型党组织助建平安社区》，广东政法网，2013年12月16日，http://www.gdzf.org.cn/gdsgzdt/gz/201312/t20131216_448017.htm.

② 李荣梅：《加强基层服务型党组织建设的时代意义》，《党史博采（理论）》2014年第6期，第27-33页。

要有“统”的理念和方法，又要有“整”的机制和体系。广州市围绕深化城市基层党建示范市建设，坚持系统思维和方法，不断健全市、区、街道、社区党组织四级联动体系，注重在“机制活”上做文章，拧紧城市基层党建“动力主轴”，加大力度构建更加严密的组织体系，推进更高水平的资源整合，促进更高层次的共融发展。着力发挥组织优势，让各级党组织联动起来，实现“上级给力、基层用力、各领域发力”，以开放的理念、创新的思维、开阔的视野，对辖区内的机关服务资源、村社服务资源、楼宇党建资源、“新广州人”资源、两新组织资源，以及驻区组织资源进行优化整合，将细流万涓汇成河海万丈，进一步提高了服务能力，取得了良好的效果。

（一）整合机关党建资源，开展社区志愿服务

机关是党和国家管理、服务社会的有效载体，机关党建具有党员素质高、党建基础扎实、党建资源丰富等特点。如何整合各类分散的资源，实现资源的优化配置、优势互补和合理共享，并把机关党建资源优势转化为发展优势，把党建资源活力转化为社会活力，把机关党建资源转化为促进基层社会和谐的服务资源，不仅是广州市机关党建工作的一个全新命题，也是广州市机关党组织在社区服务型党组织建设中发挥影响力和示范力的重要路径。为实现上述“三个转化”，广州市制定了“双向认识、双向联系、双向服务、双向反馈”的工作思路，建立了在职党员向社区报到制度，大力推进在职党员进社区，实现机关党员服务社区化。在职党员全部回到居住地社区党组织报到，在社区建设和社区发展中发挥了重要作用。

实施广州市直部门、广州市管企业“组团式”对口支援市辖区。2022年4月8日，按照广州市委部署要求，市委组织部会同市直机关工作委员会、市人民政府国有资产监督管理委员会等单位，迅速统筹全市机关干部、国有企业的党员干部职工力量投入基层一线的新冠肺炎疫情防控工作，要求居住在白云区的市区机关、国企干部职工全部向居住地报到，听

从社区疫情防控工作安排。全市广大党员干部职工闻令而动，火速报到，发布仅3小时就有市区两级7500多名居住在白云区的党员干部职工向所在社区报到，协助社区做好信息发布、核酸检测、扫码登记、秩序维护等工作。在认真总结以往疫情防控经验教训的基础上，广州市委组织部按照“资源互补、力量均衡，统筹兼顾、适度倾斜”原则，将全市86个市直部门、28家市管企业共114个单位与11个市辖区分别“结对子”。114个单位组建了11支共4200多人的突击队，各区也参照市的做法，建立区直单位支援镇（街）疫情防控“尖刀班”“应急队”，确保紧急情况下拉得出、冲得上、打得赢。例如，针对白云区疫情严峻形势，对口支援的市法院、市委办公厅、广州银行、公交集团等10个成员单位，迅速动员、紧急部署，450人党员突击队第一时间集结，4月9日凌晨即进驻白云区棠景、云城、景泰、同德等重点区域开展支援服务，当天下午又根据需要再次增派400名突击队员，全力协助开展全员核酸检测和管控区居民物资配送工作。对口支援黄埔区的广州市委宣传部、广州市城市建设投资集团有限公司等单位，1小时内组织80名突击队员，直插红山街社区、精准支援核酸检测工作，取得良好的效果。[①]

组建志愿服务人才队伍，实现服务的网格化和板块化。由市直机关工委牵头抓总，组织全市各级机关党组织积极开展活动，建立了市、区、街道、社区“四级联动”的服务网络，以网格化、板块化进行横向和纵向统筹安排部署。各级机关党组织按照各自的行业特点、工作性质组建机关党员志愿者服务人才队伍，并建立各自的机关党员志愿者队伍人才库，根据机关党员个体的专业、特长设岗定责，实行一人一档，并以服务队的名义开展组团式服务，切实提高志愿服务的针对性和有效性。

设立社区志愿服务项目，实现服务的专业化和高效化。社区志愿服务蕴含着志愿性、服务性的基本特征，要求服务内容既要考虑服务提供主体

① 《广州市、区两级15.5万名党员干部职工下沉社区支援疫情防控》，《南方日报》2022年4月12日。

的时间安排、优势特长等基本因素，又要考虑服务客体的服务需求。为有效推进在职党员社区志愿服务工作，社区党组织通过入户走访、发放居民需求调查表、社区服务平台、公共信箱等途径广泛征集辖区居民的需求，并将“党员所能”与“社区所需”相结合，合理设置服务岗位和服务内容，建立在职党员进社区志愿服务项目“菜单库”，设立政策宣传、治安巡逻、法律咨询、扶贫济困、就业指导、维权服务、健康义诊等多种服务项目。按照“自主选岗、发挥特长”的原则，在职党员根据年龄、工作领域、参与活动时间等实际情况，认领相宜岗位，领办志愿服务项目，开展“选单式”服务。

完善社区志愿服务制度，实现服务的规范化和常态化。2012年，广州市直机关宣布成立“广州市机关党员志愿服务总队”，制定了《广州市直属机关党员志愿服务实施方案（试行）》，并在广州开展了广泛征集广州市直机关党员志愿服务标识、行动口号活动，形成了“手展现为一只鸽子和一颗心的造型，融入广州英雄木棉红，代表市直机关党员行动起来，引领市民大众齐心构筑文明和谐幸福广州”这一金灿灿的标识。志愿服务总队以广州市直各机关党组织为单位组建志愿服务支队、以各党支部为单位组建分队和小队。志愿服务总队、支队可以根据群众、服务对象的需要，开列志愿服务菜单，机关党员志愿者根据自己的爱好、特长和意愿从菜单中选择服务内容参与活动。机关党员志愿服务支队可以利用本系统、本单位的资源，结合实际，建立广州市直机关党员志愿服务基地。按照要求，各级志愿者组织都应当主动与服务基地建立相对固定的服务关系，保证志愿服务常态化、专业化、规范化。广州市直机关党员志愿服务组织分队、小队将主动走访服务对象，了解需求，征求服务意见，并根据各单位工作特点和党员的特长，合理设置志愿服务内容和服务项目，并确定至少一个长期服务项目，尽可能更多满足群众的需求，增强志愿服务的针对性和有效性。志愿服务以“服务人民群众、服务公益事业、服务幸福广州”为原则，创造性地设计“项目+基地”的主要服务形式，特别注重发挥机关党员理论功底扎实、政策水平高、协调能力强的特点和专长，注重贴近市民群众的相关服务需求，把志愿服务重点放在政策宣传、调查研究、法律、文化、教育、卫生等12个方面。广州市着力健全完善党员志愿服务活动章程和规章制度，形成党员志愿者招募培训、活动记录、评价激励等工作机制，确保志愿服务活动规范化和常态化。制作党员志愿者服务证，在服务证中详细记载持证党员的基本情况、管理办法、培训记录、选择的志愿服务项目、志愿服务工作记录、荣誉记录、审核记录等内容，方便志愿者规范化持证服务。统一设计志愿者服装、志愿者办公用品等，将党员志愿者服务上升到党建品牌建设的高度。志愿服务总队每年根据机关党员志愿者志愿服务的时间、成效、服务对象的评价等评选星级志愿者和优秀志愿者。机关党员参与志愿服务的情况作为机关干部考核以及评选优秀共产党员、先进党务工作者的参考依据。

（二）整合村社党建资源，探索自我管理服务

广州市既有传统的城市社区，也有现代化的城市社区，还有由农村转制而来的新型社区（下称村社）。在村社中，经济联社党组织是建设基层服务型党组织的主体。村社群众的民主观念日渐增强，利益诉求日趋多元化，反映利益诉求的渠道和方式也发生了深刻变化，对村社党组织的执政能力提出了更高的要求。广州市以基层服务型党组织建设为契机，充分整合村社党建资源，加强村社党组织干部队伍建设，创新村社“三资”（资金、资产、资源）监管平台，大大增强了村社党组织自我管理、自我服务的能力。

实施强堡垒行动，夯实党的组织基础。村社党组织要有效发挥服务功能，必须有一个强有力的领导班子。广州市坚持多管齐下，通过加强培训、下派干部等方式，不断强化村社党组织班子的大局意识和执政能力。一是加大对村社党组织班子的培训力度。不断强化村社干部队伍的思想教育、形势教育和政治教育，提高村干部的政治意识和理论水平，强化村干部的大局意识。使村干部能够准确掌握政情、社情，科学筹划本地的各项

建设。2012年，广州市委组织部在清华、北大举办专题培训班，组织经济联社党组织书记全脱产培训，提高村社党组织班子廉洁从政的意识和推动村社发展的能力。二是下派干部确保党委意图在村社党组织中得到有效贯彻。广州市建立街道党工委委员联系经济联社、经济联社党组织委员联系经济社制度，选派有村社管理经验的优秀党务干部担任基层党组织建设指导员，兼任经济联社党组织副书记、社长助理职务，发挥“助理员、信息员、宣传员、监督员、协调员”作用。此外，每年排查一批问题突出的联社党组织，分类梳理问题，建立工作台账，抽调骨干力量组成工作组驻村整顿，解决一批群众反映强烈的热点、难点问题。

健全制度机制，规范联社运作管理。一是逐步理顺街道、联社、经济社三级管理架构，明确党组织在经济联社中的领导地位，推动在联社中建党组织，实行经济合同、公章使用等逐级登记备案制度。探索建立起党员议事会制度，明确规定以经济社名义签订的经济合同须由党支部成员全程参与监督、见证。二是建立健全联社重大事项由党组织研究，由社员代表会议或社员大会表决通过的决策机制。其中，海珠区华洲街出台《村务管理制度》等文件，要求凡是村级重大事项和事关村民切身利益的事务，必须按照联社党总支提议、社员代表大会审议、党群议事会决议、监委会监督评议的“四议”民主决策程序。白云区按照全覆盖原则，以经济社为单位，凡有3名以上正式党员的经济社应当单独建立经济社党支部；党员人数不足3名的经济社，由行政村或街道集体经济组织党组织通过党员组织关系调整、选派党员干部、发展党员等方法，推进经济社建党支部工作，以强化基层党组织在基层的领导核心地位。把选优配强支部书记作为基层组织建设的“牛鼻子”，通过党支部书记和经济社社长一肩挑，下派上级党组织班子成员担任党支部书记等措施，选优配强经济社党支部带头人，大力推进党支部活动阵地建设，建立健全党支部工作制度，理顺党支部和经济社运行关系，为打通服务居民“最后一公里”提供坚强组织保证。三是依法推选产生社务监督委员会，充分发挥社务监督委员会在开展社民民主理财和监督社务公开等制度落实等方面的积极作用，进一步完善了议事、决策和监督的治理结构。四是规范经济联社民主自治管理的法理基础，修订完善自治章程，形成统一规范格式的指导文本。在开展党务、社务、财务“三公开”试点基础上，形成“三公开”目录、程序及规范指引等成果，并进行推广。

建设管理平台，提升“三资”管理科学化水平。随着经济的发展，经济联社、经济社的集体资产价值大幅提升，对村社集体民主管理、“三资”交易、财务管理等方面提出更高要求。广州市进一步推进创新“三资”交易管理模式，成立村社“三资”交易中心作为村社集体“三资”交易监管机构和交易平台，为村社集体“三资”交易活动提供信息和咨询服务，实现信息公开，实时监管。这有效加强了村社集体“三资”的管理监督，有效提升了村社经济联社集体“三资”管理的规范化、科学化水平，促进了村社党风廉政建设和农村社会和谐稳定。

（三）整合楼宇党建资源，创新网格管理服务

随着改革开放的深入和社会主义市场经济的发展，我国的经济成分、组织形式、就业方式、利益关系和分配方式日益多样化。政府、企业及事业单位等承担的社会职能逐步回归社会。社会成员的单位制管理被打破，“单位人”逐步向“社会人”过渡。许多两新组织党员、自由职业党员、下岗失业党员和退休党员回归社区，社区成为新形势下城市基层党建工作的重要阵地。广州市在推进基层服务型党组织建设中通过优化党组织设置、打造党员活动阵地、探索管理网格化，有效整合了楼宇党建服务资源，充分发挥了党员的先锋模范作用，并以党建带动社建，实现了社会管理科学化、精细化。

设置楼宇党支部，实现支部建在楼上。广州市探索创新社区党组织设置形式，按照各个社区辖内党员数量和分布情况，对社区党组织进行改组，细化党支部规模，以一栋或几栋楼宇、平房为单位，组建楼宇党支部，形成“街道党工委（党建办）—社区党委（总支）—楼宇党支部—网

格—党员联络员”五级基层党组织网络，将基层党组织的触角延伸到社区每个角落，形成“支部建在楼上，党员就在身边”的格局。依托楼宇党支部，很好地发挥了基层党组织和党员收集民意、服务群众、解决问题的作用。在收集民意方面，支部书记在楼里，党员是邻里，党的触角延伸至每户居民，民意传达有了快捷渠道。海珠区素社街开展“书记多跑跑，群众少烦恼”百位书记进千家大走访活动。海珠区南华西街开展“党员走出门，群众请进门”党建创新项目。在服务群众方面，实现有队伍、有保障、有活动、有网络、有典型的“四有局面”。志愿者突击队员分级管理，下沉楼宇，服务内容各有侧重，做到服务有队伍，实现服务有保障，围绕中心工作及时开展主题活动。例如，组织下岗失业党员志愿者每天对社区进行分片巡逻，实现服务有活动。开通党员志愿者网站，发布广州市党建手机报，通过QQ群、微博、社区论坛等方式联络发动志愿者，实现服务有网络。在解决问题方面，海珠区江南中街广泛推广“10分钟党员服务圈”；琶洲街开展“组织亮出旗帜找党员和党员亮出身份找群众”活动；滨江街成立“社区党员服务中心”“楼宇党员服务驿站”，开展“党代表活动日”“党员志愿者活动日”，逐步解决社区党员联系、教育、管理基础难题。街道党工委以楼宇党支部为阵地，以党建工作带动“工建”“团建”和“妇建”，通过建立楼宇管理小组、楼宇团支部、楼宇工会小组等多种形式，有机融合各项社会服务工作，实现资源共享、优势互补。

构筑党员之家，打造党员活动阵地。以社区党员活动阵地构筑社区党员群众之“家”。广州市投入专项资金升级改造党员活动场所，添置活动设施等，推动社区党员之家向标准化、规范化方向发展。在日常使用过程中，坚持一室多用、资源共享、综合利用，使党员之家成为集党员活动、居民议事、便民服务、教育培训、文化娱乐、信息传播等多项功能于一体的综合阵地，成为聚拢人群、聚集人气、聚合人心之地，成为党员群众议事厅。有效解决社区党员之家“重建设、轻管理，有场所、无活动”的问题。社区党员有了自己的“家”，楼宇党支部政治学习和组织生活走上经常化、规范化和个性化轨道，大大激发了众多党员服务社区建设的热情。同时，楼宇支部党员经常深入楼宇与群众沟通联系，通过日常的探访聊天、接访群众工作等措施搜集群众的意见和建议，认真做好“信息员”，发挥楼宇党员的桥梁和纽带作用，使社区党员活动阵地也成为群众之“家”。

探索管理网格化，实现服务精细化。2014年11月，广州市宣布将对全市社区管理实行“网格化”服务，按照“一个组织架构、一张基础网格、一张网格队伍、一套信息系统、一套管理制度”的基本架构，建立以网格为基础，以信息化为依托，以制度为保障的城市服务管理体制。设定每一“网格”内包含200户居民，并建立“专兼结合”网格员队伍。网格员由社区专职工作人员、协管员、管理员等组成，具体负责巡查、网格区内问题处理及群众信息收集等工作，实现城市管理打破条块分割，消除信息孤岛，再造业务流程，做好服务群众“最后一百米”。城市网格化管理可建立一种监督和处置互相分离的形式，使政府做到能够“主动发现，及时处理”，加强政府对城市的管理能力和问题处理速度，将问题解决在居民投诉之前。2014年12月底，各区专项工作小组制定本地区网格员队伍整合实施方案，报区社区建设领导小组审定。2015年6月，完成了第一批整合社区专职工作人员、流动人员出租屋管理员、城管协管员、助老员等7支街（镇）聘用人员队伍。2015年12月前，组建专兼职网格员队伍；2016年12月前，全面完成专职网格员队伍的组建工作。以楼宇党建为基础，实现楼宇党支部与网格管理的全面对接。各楼宇党支部书记和社区党员主动配合、参与网格管理员工作，社区党员、志愿者积极担任社区宣传员、信息员和监督员，确保每个网格都有自己的党员骨干，真正实现“专干不单干、分工不分家”。网格管理员和楼宇党支部负责网格内的民政、社保、计生、劳动保障、综治维稳和城市管理等所有政务性的日常工作，寓管理于服务，变过去的“居民找上门”为现在的“上门找居民”。上门向居民群众派发工作联系卡，公布联系电话、工作职责资料，开发社区管理服务信息平台系统等。通过信息平台的终端系统，直接为居民在家中提供“现场办公”服务，让居民“足不出户”就可以办理社区日常服务项目。同时，通过网格化管理，掌握民情、排解民忧、化解民困，实现矛盾纠纷“早发现、早介入、早解决”，确保“小事不出社区，大事不出街道，矛盾不上交”。

（四）整合新广州人资源，提供联谊维权服务

如何加强对“新广州人”党员的教育管理，发挥党员在“新广州人”服务管理中的先锋模范作用，是广州市面临的一大课题。广州市通过建立新广州人党支部，不仅实现了党组织和党的工作的“全覆盖”，让每一位党员都找到了自己的“家”，还通过“新广州人”党支部的枢纽和凝聚作用，整合了“新广州人”资源，为“新广州人”提供联谊维权服务，有效促进了社会和谐稳定。

因地制宜，建立“新广州人”党支部。面临外来务工人员管理难题，广州市依靠“新广州人”党支部，将“新广州人”党员培养成为“同乡部落”的民意领袖，发挥影响力，引导“新广州人”有序参与社会管理。为做好“新广州人”党组织工作，广州市结合两新组织党建百日攻坚行动，同步开展两新组织党建工作，广泛开展“组织找党员，党员找组织”活动，通过“三查四访一劝导”（即查档案、查工作生活地址、查联系方式，走访亲属、走访知情人、走访原居住地或原工作单位党组织、走访相关部门，面对面劝导党员），让“口袋”党员打消顾虑参加当地党组织生活。在此基础上，根据“新广州人”的行业、居住和户籍特点，分类组建“新广州人”党组织。如海珠区人才交流中心建立行业型党支部，建立“新广州人”党支部，对“新广州人”党员进行分类管理。海珠区南洲街建立片区型党支部，按照每个社区建立1个“新广州人”党支部的模式组建支部。海珠区凤阳街也以片区为标准，将凤阳街划分为3个片区，建立“新广州人”党支部，创建全市首个“新广州人”党员综合服务中心，在劳动就业、技能培训、法律援助、心理咨询等方面为“新广州人”提供与“老广州”均等的社会公共服务。海珠区昌岗街、瑞宝街积极探索流出地、流入地党组织“共建共管”联动机制，组建地缘型党支部。其中昌岗街2010

年建立广州市首个省外流动党支部——湖南省双峰县荷叶镇广东流动党员党支部。瑞宝街成立广西钦州市钦南区那思镇在穗流动党员党支部，与那思镇实行协同共管，发挥党员在同乡中的影响力。白云区三元里街针对辖区松柏岗社区有上万名来自湖北洪湖螺山镇的印刷工人，采取“双向共管”模式，组建松柏岗社区流动党支部，以螺山镇党委为直接管理上级，由街道党工委对其进行日常工作指导。安排流动党员协管出租楼房，建立信息通报交流机制，让流动党员成为社区管理的重要力量。新冠肺炎疫情发生以来，全体党员参与到抗疫一线，发动湖北籍抗疫志愿者128人，累计服务2048小时，确保了该社区5000多名湖北籍人员“零感染”。[①]创新推出“五个一”融合社区模式，建设一个来穗人员党支部、一个共治议事会、一个融合社区服务站、一个融合学堂、一支社区志愿服务队，以党建引领，给予来穗人员更多权利和服务，引导“新广州人”以主体地位参与议事决事，推动来穗人员与当地高度融合。广州市还提供固定场所，为“新广州人”党支部开展组织活动提供便利，并提供接受教育和培训的机会，提高党员服务群众的能力。在完善支部建设基础上，通过建立定期联系制度，进行网络、电话、上门等双向性、经常性、动态性的联络，使“新广州人”党员与党组织的联系更加紧密。

因需设计，提供多元化的社会服务。广州市强化党组织服务功能，构筑“新广州人”之“家”，引入相关职能部门、律师、志愿者等，打造各种服务平台，为“新广州人”提供多元化服务，使党组织成为“新广州人”的温暖之家和坚强后盾。如打造就业引导服务平台，通过公告栏、网络平台、手机短信定期发布就业、培训信息，免费举办开放式培训班为“新广州人”开展党建、卫生保健、法律、消防、舞蹈形体等培训。打造关爱维权帮扶平台，在党员综合服务中心设立法律服务点定期为“新广州人”提供法律援助、法律咨询服务，并定期开展走访、慰问、帮扶活动。特别是对“新广州人”分布较广的环卫系统，广州市实行“一对一”结对

① 《白云区三元里街来穗党建让“家”变得更实》，《广州日报》2020年11月20日。

帮扶，并扩展到“一对多”帮助、教育、带动群众，努力将党内关怀拓展到社会关怀。此外，还建立“新广州人”党员驿站、“新广州人”党员服务站，用服务和情感鼓励“口袋”党员参加当地党组织生活，强化党组织的凝聚力。

因势而为，促进外来人口的社会融合。广州市外来人口居留家庭化、长期化的趋势明显增强。许多外来人口关心广州市的发展和变化，期待公正享有基本公共服务，融入广州市的愿望比较强烈。广州市根据这一发展形势，充分发挥“新广州人”党组织的作用，积极引导外来人口融入当地社会。如打造信息沟通平台，建立“新广州人”党员QQ群和信息平台，加强与“新广州人”党员的联系沟通，打破区域隔阂，促进外来人口与本地居民的相互融合。打造参与社会管理平台，定期举办意见征询会等，听取“新广州人”代表的意见和建议，逐步在社区“两委”中吸纳优秀“新广州人”参与社会管理。提供社区参政平台，海珠区南洲街“新广州人”党员陈楚平当选大沙社区党支部书记兼居委会主任，海珠区瑞宝街邀请“新广州人”党支部书记参与民主评议政风行风活动。组建“楼宇自我管理与服务小组”，党员牵头共商解决劳动再就业、困难帮扶、社会治安、市政建设等邻里问题，引导“新广州人”党员志愿服务队融入社区、参与社会管理。

（五）整合两新组织资源，立足岗位发展服务

广州市从两新组织自身特点出发，确立服务、促进、引导的思路，始终将两新组织党建纳入基层党建总体布局，加强政治建设、织密组织体系、创新工作手段、促进作用发挥，引领全市7484个两新组织、党组织和8.63万名党员，以高质量党建引领两新组织高质量发展。正确处理两新党组织的政治保证作用与尊重经济规律、营造两新组织健康发展的良好社会环境的关系，整合两新组织及党组织资源，围绕两新组织的发展，重点在提供服务上下功夫，以更好地适应市场经济、城市生活和就业方式改变的

特点，提高党组织的凝聚力，坚强党支部堡垒，破解两新组织党建难题。为加强党对两新组织的全面领导，广州坚持系统观念，印发加强两新党建工作三年行动计划，推动实施23项具体举措、65项重点工作，聚焦“双同步”扩覆盖、聚焦重点行业提质量、聚焦红联共建创品牌、聚焦典型引领强示范，督促各区及市属各行业党委挂图作战推进落实，全面提升两新党组织组织力。针对非公企业党建工作长期面临企业主不支持、经费缺乏、党务工作者积极性不高等问题，依靠非公经济组织党支部破解难题。采取“公推直选”，在非公企业党组织中引入竞争机制，有针对性地组织好新任职的非公企业党组织书记任职培训，提高新任书记的履职能力。注重培养发展后备力量，将企业主及中、高层管理人员和生产一线技术骨干作为非公企业发展党员工作的重点对象，每年举办1—2期非公经济组织入党发展对象培训班。引导非公企业落实党务干部待遇问题，如金域医学检验有限公司党委等配备了专职党委书记、副书记并享受公司中、高级管理层待遇。加大扶持力度，完善保障机制，采取党费全额返还并拨出专项经费，加大非公企业党务工作者选派力度，实行“一人一企”的办法，选派党建工作指导员和党建工作联络员到非公企业指导党建工作，并为非公企业优秀党员申请入户广州创造有利条件（根据《广州市积分制入户管理办法》规定，获得市委、市政府、区委、区政府或广州市局级部门表彰嘉奖或授予荣誉称号的每次可积30分）。

发挥党组织功能，服务两新发展大局。2021年，广州全年新增两新党组织842个，增幅为12.3%，实现应建尽建、应联尽联、应纳尽纳，各项指标完成率均走在全省前列。发挥党聚人才作用，通过把符合条件的生产经营骨干发展为党员，鼓励引导优秀人才入党，把党员培养成生产经营骨干，使党员成为企业的优秀人才，为企业提供生产管理人才。其中金域公司党委引进了包括8位博士在内的一批海归精英人才。以党建文化带动企业文化建设，在企业党支部中开展 “五个一·五争创”等主题活动，以党员的先锋模范作用，影响和带动广大职工做好本职工作。以党建带动工建，通过在企业党支部建立党代表工作室等形式，收集员工意见，及时了解广大职工的心理状态，为劳资双方建立沟通纽带，出现纠纷时，充当劳资双方沟通的牵线人，化解矛盾，促进和谐。天河中央商务区开展“百楼百站”建设，推动建成105个党群服务站，在疫情防控中为开展核酸检测、疫苗接种提供便利通道，各项活动累计服务党员群众超100万人次。黄埔区积极打造“百名中小企业第一书记培育工程”，在全省首创派驻76名机关、国企的优秀年轻干部到中小企业任第一书记，平均党龄13年，最长的为29年。

创新党组织方式，联系服务两新组织党员群众。针对两新组织经济比例的逐步提升而党组织建设相对薄弱等问题，发挥两新党组织政治优势，通过党建创新联系和服务广大党员群众。一是注重机制建设。在原“属地管理”的基础上，成立非公经济组织、社会组织党工委，统筹经贸、劳动、工商、税务等区各职能部门建立区非公党建工作联席会议制度，定期研究、解决党建问题，加大党建指导，实现从单向管理向齐抓共管转变的工作格局。比如，广州推动1165个机关企事业单位与近3000家两新组织跨领域结对共建。同时，推动龙头企业、行业协会商会及园区等新兴领域党组织建立联建共建机制，实施非公企业“红链计划”，构建社会组织红色生态链，助推产学研、上下游、大中小两新组织协同发展。二是破解思想障碍。对出资人、企业主加大政策宣传力度，结合“暖企”行动，努力解决企业组建党组织存在的普遍性问题，消除抵触心理。征求工商、税务、人社、经贸等相关职能部门意见，评选21家非公企业党建工作星级示范点，在组织建设上做到“树一批、带一批、促一批”，实现“要我建”向“我要建”的转变。三是推进双融双促。引导企业加强党建文化建设，将企业文化力转化为生产力，实现企业从追求经济效益向综合效益转变。金域、星河湾等企业党委弘扬党建文化，突显基层党组织和党员的价值，有力推动了企业健康发展。将“百日攻坚行动”与“暖企行动”相结合，按达到90%的要求完成覆盖率，提高两新组织对党组织的认同感，采取单独建、联合建、行业建、商务楼宇建等方式，树立一批有影响力、示范性强的两新组织党组织。

扩大党组织影响，靶向破解新业态党建难题。面对新业态，广州构建新机制，坚定不移强化政治引领，深入开展快递、网络直播、网约车等新业态党建工作调研，建立健全党委统一领导、组织部门牵头抓总、业务主管部门和行业党组织指导推动、属地兜底管理的责任体制。同时，建立互联网、交通运输及寄递物流业党建联席会议制度，市级领导示范带头联系新业态等重点企业71家，在全国率先推出党建引领快递行业高质量发展的若干措施，统筹28个职能部门及各区深化党建与业务同步关联。

（六）整合驻区组织资源，开展联动共建服务

广州市中央、省、市驻区行政企事业单位众多，各种社会组织资源也比较丰富。比如，海珠区赤岗街辖区内有57家中央、省、市机团单位，432家两新组织和114个物管小区，约有1.4万名党员（含驻区单位党员）。再如，天河区现已建成总面积超过1350万平方米的写字楼集群，拥有甲级写字楼121栋，其中“亿元税收楼宇”有71栋、“10亿元税收楼宇”有17栋，吸引了140多个世界500强企业设立的近200个项目机构，以及超过100家总部型企业落地，入驻企业数超7万家。[①]广州市坚持“共建、共创、共享、共赢”，整合不同性质、各种类型组织资源的优势，探索创新党建工作机制，汇成建设基层服务型党组织的合力，形成“工作共推、资源共享、服务共担”的区域化党建新格局。

设立“联促工委”，夯实区域党建基础。海珠区赤岗街牵头成立由辖区63家单位共同参与的“赤岗地区党建联合促进会”（以下简称联促会）。联促会是区域党建共建联合会的日常议事机构，下设“一处四中心”，即秘书处、基层党建研究中心、区域发展促进中心、党员教育发展中心和志愿者服务中心，负责有关党建共建项目的具体实施。利用基层党建研究中心开展基层党建研究工作和学术交流活动，为基层党建工作的发

① 《广州市天河区：多元主体协同发力 创商务区党建样本》，《中国城市报》2021年1月21日。

展提供理论指导、智力支持和咨询服务。利用区域发展促进中心为地区各单位党组织搭建沟通服务平台，共同研究地区党组织及党员如何更好地促进地区经济社会发展，维护地区安全稳定，服务社区居民群众。利用党员教育发展中心有计划、有重点、多样化开展党员教育学习培训活动，促进各会员单位、两新组织党建工作的开展，切实提高联促会的创造力、凝聚力、战斗力。利用志愿者服务中心组织实施面向社区居民群众的各项党员志愿服务活动，充分发挥党员先锋模范作用。

聚焦党群联动，建立党建“八联八力”工作机制。天河区委按照“党建引领、统一规范、因地制宜、突出服务”的建设思路，分级分类推动完善区域党群服务阵地体系，建设“百楼百站”党群服务阵地群，实现党群服务阵地全覆盖。截至2020年12月底，天河中央商务区已建成105个新兴领域党群服务阵地，总面积超过24000平方米，并在广州国际金融中心、广州周大福金融中心、富力盈凯大厦、邦华环球广场、中泰国际广场、天河路商圈、广州（国际）科技成果转化天河基地等楼宇、商圈、园区建成示范性党群服务站。天河区委强化各类党群服务阵地与区域内的博物馆、图书馆、艺术中心等文化阵地共建，打造“党建+文化”“党建+艺术”等品牌项目。推广天河中央商务区南区联合党委“学习一小时”“志愿一小时”“减压一小时”等15个品牌活动项目，提升党群服务阵地人气和服务能力。近两年来，天河中央商务区各类党群服务阵地累计为20多万人次提供政务服务，并组织开展2000多场活动，有超过16万人次参与，为商务区党员群众提供全面便捷的办事服务和丰富的精神文化生活。天河区党委以“红联共建”（即“红色引领、联动共建”）为抓手，充分带动机关事业单位、群团组织、国企、两新组织广泛开展“红联共建”，通过跨领域党组织共建、阵地共享、活动共办、党员共训、难题共解、合作共赢等方式，组建区域化党建共同体。推行“八联八力”工作机制，即组织联手、各方联合、阵地联片、平台联建、机制联动、项目联办、网络联通、队伍联袂，提升区域党建政治领导力、组织聚合力、阵地辐射力、政策传导力、工作保障力、活动吸引力、宣传渗透力、团队战斗力。推动党建引领

“令行禁止、有呼必应”的基层共建共治共享社会治理格局在区域内落地落实，打通基层治理“最后一公里”。天河区委围绕优化党员管理教育、创新组织生活、共促党建引领发展、共建共治共享社会治理格局等多个主题，培育一批特色党建共建项目，推动各领域党建从联合走向融合、从融合走向共赢。推动党建文化成为企业文化的重要组成部分，增进党员对党建文化的广泛认同，在商务区内开展“党建+公益”“党建+文艺”“党建+扶贫”等活动，引导企业承担更多社会责任，与社会共享发展红利。落实单位党组织到属地街道、在职党员回社区“双报到”工作，结合企业特色和党员专长结对组织开展党员进社区服务活动。

聚焦平台搭建，完善党建阵地服务网。越秀区以党员群众的需求为出发点，在全区范围内做好阵地建设谋篇布局“大文章”。在区层面，建设区党群服务中心，重点指导全区党群服务网络建设。在各街道，选择辐射面广、人员集中、配套齐全的区域，如街道政务服务中心所在地，建设街道党群服务中心。在各社区，考虑居民日常办事需要和站点日常管理需要，整合社区居委会建设社区党群服务站。在商务楼宇、园区商圈、旅游景区等城市公共空间，因地制宜择址建设区域化党群服务阵地。越秀区采用“区—街—社区—城市公共空间”逐级布局的网络架构，把阵地建在党员群众最需要的地方，把党群服务的触角延伸到百姓身边。越秀区打破区、街、社区建设党群服务阵地的传统模式，在二沙岛碧道和北京路步行街分别建设了党群服务阵地，实现了党群服务阵地向人流密集场所拓展延伸的“破冰”。截至2021年初，越秀区已建成区级党群服务中心1个，街道党群服务中心18个，社区党群服务站222个，以及商务楼宇、商圈园区、旅游景区等各类城市公共空间党群服务中心（站）13个，各类党群服务阵地累计254个，并涌现出一大批示范亮点、品牌标杆，受到党员群众的普遍赞誉。[①]

① 《广州市越秀区：推进党群服务阵地提质增效》，《中国城市报》2021年1月19日。

三、构建五类服务模式

一个政党想要发展壮大，离不开人民群众的支持与拥护。马克思说过，“对社会主义的人来说，整个所谓世界历史不外是人通过人的劳动而诞生的过程”①，社会的变革与发展是由人民群众推动的，人民群众既是社会进步的创造者，也是社会财富的拥有者和社会进步的受益者。列宁曾经这样说道，“最严重最可怕的危险之一，就是脱离群众”②。因此，为人民服务，维护最广大人民群众的根本利益，并不断推动政党和社会不断进步的服务型党组织的理念来源于马克思主义建党思想，同时遵循着政党的发展规律。广州市在总结实践经验基础上进一步把基层服务型党组织建设作为基层党建工作的总抓手，以服务助推发展、以服务促进和谐、以服务凝聚人心、以服务建强组织，形成了五类服务模式。

（一）网格化管理、组团式服务

“网格化管理、组团式服务”是为深化拓展党员联系和服务群众制度，进一步密切党群干群关系，强化基层组织社会管理和公共服务的能力，在实践中探索出的基层服务型党组织工作新格局。概括起来讲，这种工作新格局就是在乡镇（街道）、社区（村）行政区划不变的前提下，把乡镇（街道）划分成若干个单元网格，通过整合基层各类组织资源，对应每个网格组建相应的管理服务团队，全面承担网格内的联系群众、掌握民情、改善民生、解决矛盾、维护稳定、促进发展等职责，并运用现代数字技术搭建信息化管理服务平台，从而为群众提供高效的服务，提高社会管理的科学化水平（见图1-1）。

---

① 马克思、恩格斯：《马克思恩格斯选集（第一卷）》，人民出版社1995年版，第283页。

② 列宁：《列宁专题文集论无产阶级政党》，人民出版社2009年版，第343页。

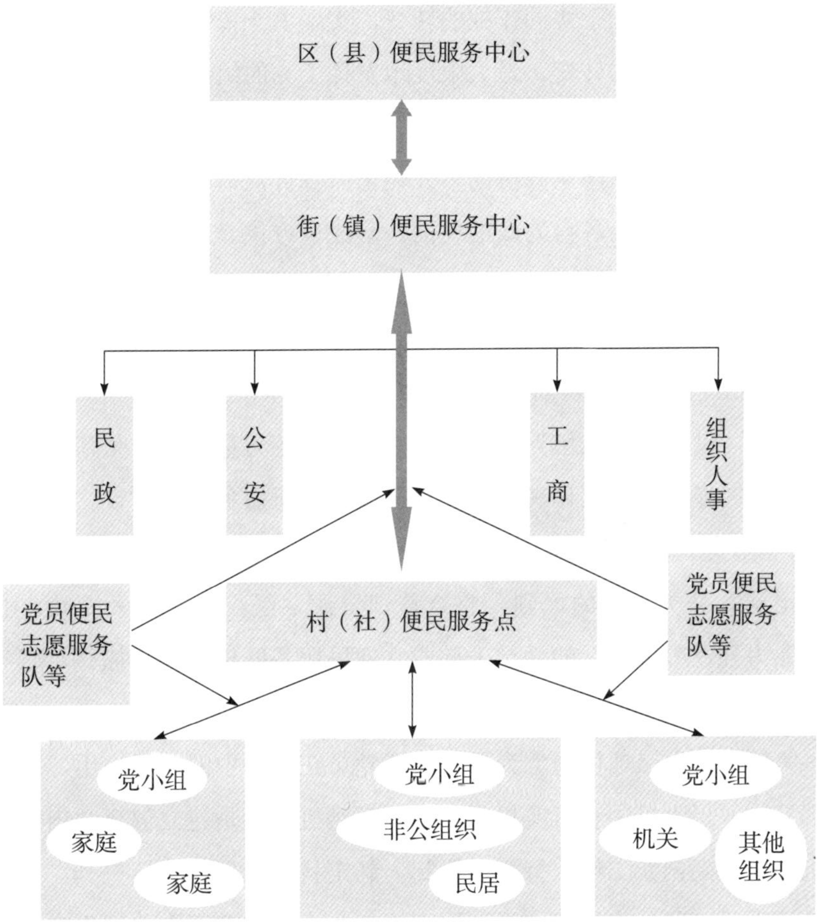

图1-1 “网格化管理、组团化服务”结构图

第一，以“三化”为统领强化基层党组织领导核心地位。即通过网格化设置、扁平化管理、规范化运行打破原来条块分割、封闭运行的基层组织管理模式，完善基层党建工作体系、领导体制和工作机制，构建区域化党建格局。网格化设置主要是根据社区（村）所辖范围、分布特点、人口数量、居住集散程度、群众生产生活习惯等情况，合理设置网格，建立网格化组织体系，推动党的组织和党的工作由传统领域向新兴领域延伸，由机关单位向区域延伸，由基层党组织向其他各类组织群体延伸，实现基

层组织单体作战到上下协同作战的转变，实现单一依靠党政内部力量到整合社会各方面力量的转变。最大限度地发挥了党的组织优势，提高了服务基层群众的能力。扁平化管理主要是统筹吸纳区、乡镇（街道）、村（社区）的各方力量，以团队人员的多元化来服务群众需求的多元化，以强化条块协同来改变条条各自为政的局面，形成全方位、广覆盖的区域性管理格局。规范化运行就是通过联席会、议事会、研判会等形式，完善辖区内党组织与各类组织之间双向互动、同频共振的工作机制，在基层管理服务上实现一口受理、一网协同。

第二，以“三支队伍”为重点壮大基层服务力量。即加强基层组织负责人队伍、专职党务工作者队伍、党员便民志愿服务队伍建设。注重将素质好、能力强和热爱党务工作的党员选进党务干部队伍。按照分级负责、分级组建、分类培训的原则，整合培训资源，组织一批“素质高、业务熟、能力强、服务优”的党员干部成立便民服务队伍，积极抓好对服务人员的培训，不断提高服务能力。

第三，以“三项机制”为保障发挥党员在服务中的主体作用。即完善激励机制、保障机制和落实机制。完善激励机制就是建立健全党内创先争优机制和党建创新工作扶持激励机制，制定科学合理的考核机制，切实改进考核手段。坚持将考核结果运用到单位和个人实绩评定、评先选优、选拔任用等方面。完善激励机制就是建立健全基层党建工作经费保障机制、党员权利保障机制、党内关怀制度。完善落实机制就是健全党委统一领导、组织部门牵头抓总、有关部门协同配合的党的基层组织建设联席会议制度，定期研究基层党建工作。坚持领导干部调研指导基层党建和联系点工作制度，党委领导同志直接联系一个乡镇街道，指导一个村，帮助发现问题和解决具体困难。建立下级党组织每半年向上一级党组织报告工作和下级党组织书记每年向上一级党组织述职述廉制度。建立经常性的发现、整顿软弱涣散基层党组织工作机制。

（二）党群面对面、服务直通车

“党群面对面、服务直通车”是改进干部作风、增进党群干群关系，赢得群众信赖的有效举措。主要是指以区、街镇、村社、村组四级服务中心为载体，实行群众上门“一站式服务”和党员上门走访及“代办”服务等个性化服务方式，辅之以24小时服务热线和服务网站，利用现代信息手段，对收集、分派、督办、反馈和统计问题进行集约化管理，实现基层党员干部群众的面对面接触和心贴心服务，巧解群众之盼，快解群众之忧，真解群众之难（见图1-2）。

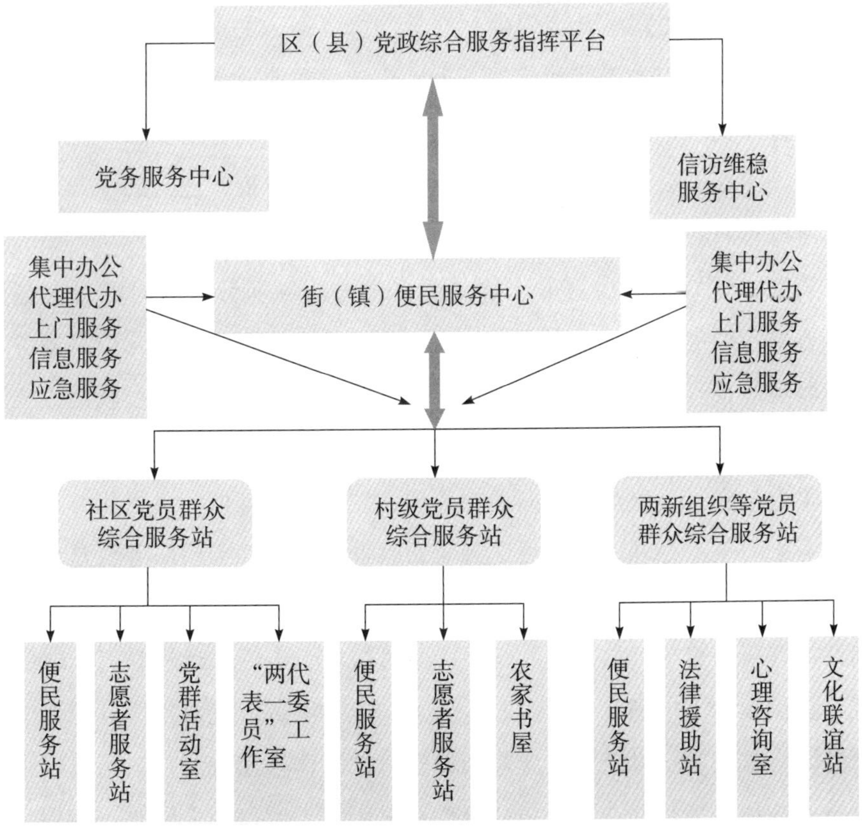

图1-2 “党群面对面、服务直通车”结构图

第一，搭建“四级联动”的服务网络平台。即在区成立党务服务中心和信访维稳服务中心，乡镇（街道）成立便民服务中心，村（社区）成立党员群众综合服务站，村民组（居民小区）成立便民服务点，构建党组织和党员服务群众的四级服务平台，组建相关服务机构，落实办公阵地，解决办公设施，通过区、街镇、村、组构筑立体平台，形成服务网络。

第二，铺设“党政集约”的服务快捷通道。即推行党务、政务服务有机整合。设立党务服务岗，开展党组织关系转接、流动党员管理、党务政策咨询及远程教育课件借阅、党员就业服务、党员志愿者服务、代理党费收缴服务、党内关怀服务、群团服务等，整合各种资源实现服务集约化。通过创建服务型党组织，有针对性地开设行政审批代理、就业培训、劳务输出、“三关”工程、社会保障、政策法律咨询、民事纠纷调解、远程教育、农产品或农用物资代购代销、土地流转、农业适用技术推广等服务项目。通过区民政、人事、组织、公安等部门的部分业务与乡镇服务中心上下联动、对接办公、联网办公，实现网上查阅、审批、迁入的“一站式”服务，搭建为民服务快捷通道。

第三，采取“五大服务”的灵活多样方式。即针对农村群众居住分散、办事不便的特点，采取集中办公、代理代办、上门服务、信息服务、应急服务等灵活多样的方式，为群众提供便捷服务。集中办公就是设立服务大厅，规范工作流程，推行一站式服务。代理代办，就是镇村联动，由村组干部把党员、群众需要办理的事项，统一收集打捆，由村代办人员到镇服务中心统一办理，办好后送到党员、群众手中。上门服务就是对居住地较远或年老体弱行动不便的特殊群体，由村组干部上门收集相关材料，帮助办理所需事项。信息服务就是，通过短信、电话、远程教育、QQ等方式，提供生产、市场、生活等服务信息。应急服务就是对辖区发生的突发事件，力求在第一时间积极应对，切实维护好群众切身利益。通过以上方式，充分体现了想群众之所想、急群众之所急、解群众之所难，确保小事不出村、大事不出镇、难事不出县。

（三）机关下基层、城乡结对子

“机关下基层、城乡结对子”是壮大基层工作力量，解决基层热点难点问题的有效举措。主要是指以机关党员领导干部为重点，以农村、社区、企业等基层单位为对象，通过号召机关党员干部走出机关、走进农村、走进社区、走进企业，在服务基层、服务群众中创先争优，着力解决与人民群众利益密切相关的突出问题，解决基层党建工作存在的突出问题（见图1-3）。

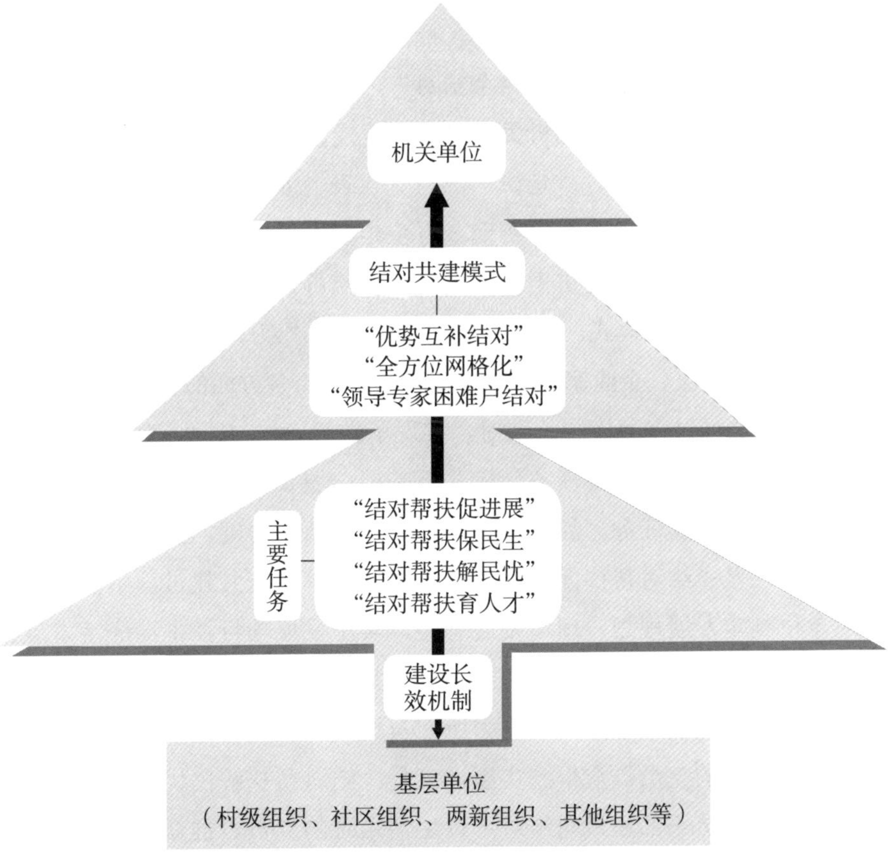

图1-3 “机关下基层、城乡结对子”结构图

第一，科学采用结对共建模式。“机关下基层、城乡结对子”必须按照统筹兼顾、优势互补的原则选用结对模式，而不是简单地将机关单位与基层单位进行泛泛对接。一是“优势互补结对”模式。根据机关、企事业单位的职能和特点，采用“1+1”“1+X”或“X+1”的模式进行结对。其中，“1”即机关事业单位；“X”即基层单位。在结对过程中，一些地方打破地域和行业界限，依据“机关+农村”或“机关+村+社区+专业合作组织”模式，成立城乡基层联合党组织，改变城乡基层党建相互分割的状况，发挥聚合效应。一些地方按照组织建设、经济条件、产业布局等情况进行分类排队，根据基层单位的实际情况和现实需要，结合城市党组织的职能特点，以“党群部门联弱村、政法部门联乱村、经济部门联穷村、农业科技部门联专业村”为结对原则，提高结对共建的科学性。二是“全方位网格化”结对模式。开展“六个结对”，即区级机关干部与居村结对，各委办局与街镇结对，区级机关内设处室党支部与居村党支部结对，区级机关党员与困难群众结对，走访干部与党代表、人大代表走访结对，以及区四套班子成员与街镇结对，实现全方位走访结对，网格化联系群众，做到了走访居村全覆盖、走访干部全参与、困难群众全帮扶。三是“领导、专家、困难户结对”模式。深入开展“双结对”“双千”活动[①]，采用区领导协同院士、专家、企业家与困难户结对模式，将各方面的资源和力量整合集聚在基层。通过多种模式的结对，实现了党建工作与民生需求相融合。

第二，明确结对主要任务。机关下基层、城乡结对子必须把推动城乡科学发展作为主要任务，加大以城带乡、全面帮扶力度，推进结对共建纵深发展。一是“结对帮扶促发展”型。即结对单位在共建过程中注重帮扶结对单位制定发展规划，理清发展思路，实施发展项目，推动经济发展。二是“结对帮扶保民生”型。即结对单位紧紧抓住党员群众最关心、最迫切希望解决的热点、难点问题，力所能及地帮助解决问题、改善民生，让结对共建单位的党员群众得到实惠。三是“结对帮扶解民忧”型。即动员和组织城市党员干部积极与结对单位生活困难的党员、群众建立联系，从

① “双千”活动：千名领导干部联系千户企业。

资金扶持、信息项目提供、技能免费培训等方面进行帮扶，帮助其发展生产，尽快脱贫致富。四是“结对帮扶育人才”型。即结对单位将结对帮扶作为培养锻炼干部的重要平台，选派优秀年轻干部到基层单位任职，加强基层单位组织建设，带领群众增收致富，培养一支了解基层、了解民情的干部队伍。通过机关干部下基层，在为基层工作注入新思路、新活力的同时，也促使机关干部在服务基层中转变工作作风、增长见识、提高基层工作经验和本领。同时采取集中培训、上挂锻炼、委托培养等方法，帮助结对基层单位培养干部和实用人才。

第三，构建结对长效机制。为保障机关下基层、城乡结对子能起到实际效果，而不是“运动式”，各地进一步完善推进工作的长效机制，为结对共建取得实效提供坚强制度保障。一是建立结对责任机制；二是健全激励保障机制，特别是坚持民生优先原则完善项目资金倾斜机制；三是健全干部人才流动机制，大力推行城乡干部人才交流力度，改善班子结构；四是健全督查指导机制，特别是建立“向上提一级”的联席会议制度；五是健全考核奖惩机制。

（四）载体信息化、服务多元化

“载体信息化、服务多元化”主要是指适应网络科技的发展及群众需求多元化的要求，立足服务水平的新提升，依托网络信息技术，不断创新服务载体，实施多元化、个性化服务，满足群众不同需求的有效措施。

第一，“键对键”服务。即通过网络平台即时互动。一些具备网络条件的地区开通了“书记·百姓网上通”、“领导电子邮箱”、“论坛”、“惠民通”手机短信平台、“心连心”党建微博、“QQ服务群”等网络载体，相关领导定期在网上与党员群众即时互动交流。在此基础上，有些单位开发了“民意舆情平台”“快速受理系统”“快速办理系统”，及时、便捷、高效地掌握区域内民意舆情导向，快速办理各项事务，第一时间向辖区内群众提供最及时、最优质的服务（见图1-4）。

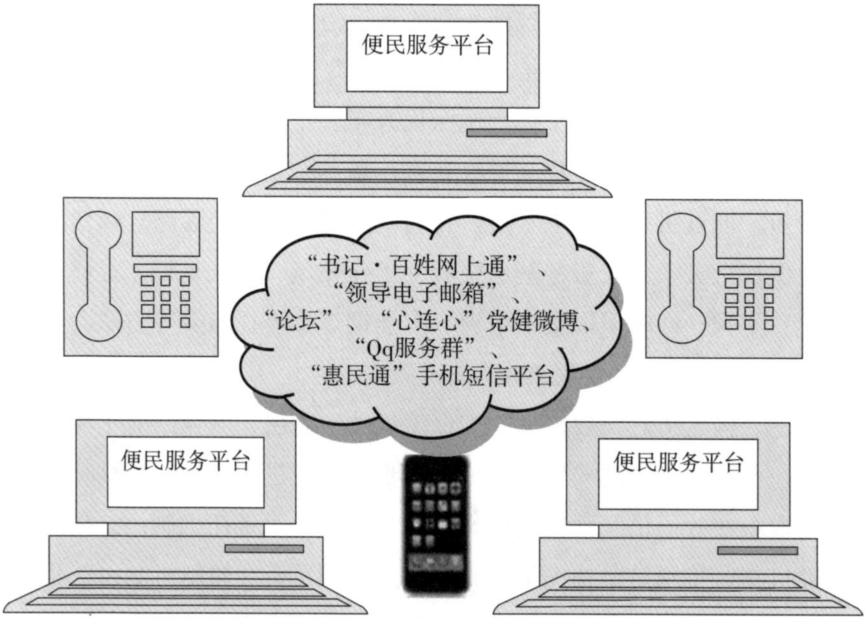

图1-4 "键对键"服务模式示意图

第二，"面对面"服务。即直接面对群众，了解群众心声，解决群众问题。虽然网络技术发展为联系群众、服务群众提供了便捷，但是不能取代党员干部面对面的接触群众，了解群众心声。一是发挥现有平台作用面对面服务群众。以行政区划和行业系统原则来建立党代表工作室，将党代表安排进党代表工作室，所有市级领导党代表都分到各个镇（街道）机关党代表工作室接见群众，促进党代表在任期内履职尽责、联系服务群众的制度化、规范化、常态化。二是保障面对面服务的实际效果。坚持"三定""三公开""三畅通"原则。"三定"即定人、定点、定时。"三公示"是指领导干部下基层前，会通过党建网或在全区各居委会张贴公告等形式进行公示。"三畅通"是指领导干部在活动中走进社区、走进企业、走进群众，畅通群众向党和政府反映意见建议的渠道，畅通及时全面传递党和政府方针政策的渠道，畅通、依法、及时、合理地处理群众反映问题的渠道。三是创新面对面服务工作方式。实行"AB角工作制"，每一个岗位都安排A角和B角，A角的同志在服务大厅接待群众、办理事件时，B角的同志则深入社区院落、居民楼栋了解情况、帮助解决问题，两个岗位互为补充，确保服务无间隙。

第三，“现场会”服务。即针对农村、社区等基层单位的传统文化特点，结合群众反映最突出最强烈的问题，借助群众传统的交流方式进行服务，主要包括“院坝会”“夜谈会”“网民沟通会”“百姓故事会”等形式。其中，“百姓故事会”是借鉴了茶余饭后、街头巷尾的生活场景打造的基层工作的重要载体。“网民沟通会”是充分利用网络较普及的特点，创造的汇集民智平台，形成政府与社区居民线上线下全方位交流。“夜谈会”是利用晚上农民闲暇时间，组织党员、群众代表面对面沟通，通过漫谈、座谈、辩论、授课等形式，沟通干群思想、统一认识、化解矛盾、推进工作的一种制度。“院坝会”是利用农村在农家小院，十来条板凳，男女老少几十口或坐或站，有说有笑，议议大家关心的事的习俗，创设的一种直面群众听牢骚，向群众讲政策、讨办法的一种方式。

第四，“1+1”服务。即向每个村居选派1名科级以上党员领导干部任第一书记，1名年轻干部或大学生村官任村支部书记（村主任）助理，以制度形式建立干部直接联系和服务群众的常态化机制。将党建工作与群众路线相结合，探索推行第一书记“1+1”制度，尝试构建第一书记、一村警、村党支部书记（村主任）助理的农村新“三大员”工作模式。积极开展干部群众路线教育和农民教育，建立干部直接联系和服务群众的常态化机制，创新新形势下的农村社会管理新机制。

第五，“4+1”服务。即以社区党组织班子建设为核心，以服务群众为重点，坚持分类指导、整体推进，共建“管理有序、服务完善、文明祥和的社会生活共同体”的一种途径。在完善基层民主自治、依托“两个报到”形成区域化党建大格局及“全覆盖、人对人、面对面、心连心”的群众工作新格局的基础上逐步探索，形成“组团式服务、民主化管理、区域化支撑、群众性评议”加“基层队伍建设”的“4+1”城市社区党建工作方法，为探索社区管理和加强基层党组织建设的有效性，提供了一条新路径。

第二章

铸魂：强化基层党组织的政治功能

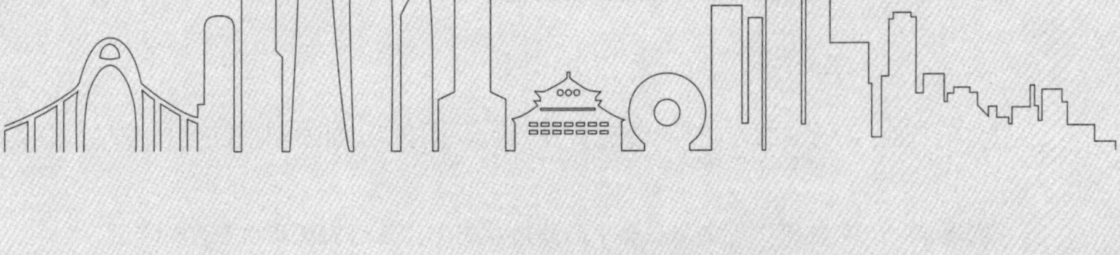

组织是“形”，思想是“魂”。回顾中国共产党的百年历程，可以得出这样的结论：中国共产党从建党之日起就是以民族复兴和人民解放为己任，向着通往人民幸福的康庄大道奋勇前行，中国共产党的命运从来都是与国家的命运、人民的命运联系在一起的，也从来没有像今天这样如此紧密。一切历史发展成就都表明没有中国共产党的领导，一切都是空谈。美国学者亨廷顿指出：“那些在实际上已经达到或者可以被认为达到政治高度稳定的处于现代化之中的国家，至少拥有一个强大的政党。”[①]中国共产党以其强大的社会民意基础、科学完备的制度体系以及先进的意识形态向世界展示了一个充满希望和活力的无产阶级政党形象，显示了无可比拟的制度优势。

加强党的组织建设，既要“塑形”，更要“铸魂”。“党的政治建设是党的根本性建设，决定党的建设方向和效果”“以党的政治建设为统领”“把党的政治建设摆在首位”等重要论述，是党的十八大以来，习近平总书记党建思想的丰富和发展，充分彰显了新时代党的政治建设的极端重要性，为我们党在新的历史起点上全面加强党的建设、强化基层党组织的政治属性和政治功能指明了方向。广州市坚决贯彻习近平总书记重要指示精神，以党的政治建设为统领，充分发挥政治建设指南针作用，推进全面从严治党向纵深发展，努力成为党的政治建设的引领者、实践者、推动者。市委常委会带头坚持“第一议题”学习制度，组织部门充分发挥职能作用，不断推动学习贯彻往深里走、往实里走、往心里走。结合群众路线主题实践活动、“三严三实”、党史学习教育等，将理论学习贯穿基层党建全过程各方面，不断强化基层党组织的政治属性和政治功能。

一、构建“令行禁止”的党建引领体系

党政军民学，东西南北中，党是领导一切的。加强党的全面领导和党

① 塞缪尔·P. 亨廷顿：《变化社会中的政治秩序》，上海人民出版社2008年版。

的建设，是推动城市建设发展的决定力量和重要基石。近年来，广州作为世界一线城市和国家中心城市的地位不断凸显，参与全球竞争的实力不断增强，国际大都市建设不断提速。越是领航探路，越需要加强党的领导；越是发展靠前，越需要党的建设提供保障。聚焦国家中心城市的要求及大湾区区域核心引擎的功能的发挥，围绕建设现代化国际大都市的目标要求强化城市的集聚和辐射带动作用，使广州在全球城市体系和国家发展战略布局中扮演更加重要的角色，必须进一步将党建工作纳入城市整体工作进行规划部署，构建与广州发展阶段相匹配的党建新模式，把党建工作渗透到城市改革发展的各个领域、各个层面、各个环节。对标党中央和省委的决策部署增强党建聚合效应，切实将“四个意识”“两个维护”的政治引领力转化为城市发展力，形成上下联动、整体推进的良好格局。2019年，广州市委印发《全面提升组织力构建“令行禁止、有呼必应”基层党建工作格局实施方案》，将增强政治功能摆在首位，强化责任担当。按照系统建设、整体建设要求，将红色教育、考核评价、组织设置、功能创新等党建逻辑与城市规划、城市治理、城市建设等发展逻辑相融合。把推进党的建设和共建共治共享的基层治理作为城市新时代发展的重要路径，不断强化城市党组织、党员干部的政治意识，优化干事创业环境，强化党风廉政建设，引导全体城市党员干部群众与党中央保持高度一致，旗帜鲜明地与干扰和破坏城市社会稳定的行为作斗争，从根本上实现了“人民城市人民建，人民城市为人民”的根本价值旨归。在城市社区党组织凝聚力、战斗力提升的过程中，同时也将推动城市改革与发展、基层治理、民生改善、社会和谐建设水平。

（一）筑牢党建引领思想基础

党的十九届四中全会审议通过《中共中央关于坚持和完善中国特色社会主义制度、推进国家治理体系和治理能力现代化若干重大问题的决定》（以下简称《决定》），对城市基层党建和基层治理提出新的任务要求。

《决定》强调，“要用习近平新时代中国特色社会主义思想武装全党、教育人民、指导工作，夯实党执政的思想基础”。加强城市基层党的建设，是筑牢夯实党的执政大厦根基的重要措施，必须把深入学习贯彻习近平新时代中国特色社会主义思想摆在首要位置，在学懂弄通做实上下真功夫、苦功夫、硬功夫，筑牢加强城市党建引领老城市新活力的思想基础，推动各项工作始终在党的领导下开展。近年来，广州市坚持“第一议题”学习制度，在市委带头下各级党组织每次召开党委（党组）会议等重要会议时，都把学习习近平新时代中国特色社会主义思想列为第一议题。制定出台《关于加强和改进全市党员教育培训工作的意见》，推出市级抓好示范培训、区级加强重点培训、基层党委开展普遍培训、镇街党校实现兜底培训等17条具体措施，分级分类组织推动基层党组织书记集中轮训和党员普遍培训全覆盖，连续8年实施“羊城村官上大学”工程，累计招收11939名基层党员干部参加学历教育。

打造家门口的新时代文明实践阵地。2018年以来，广州市认真贯彻落实中央和省的工作部署，积极开展新时代文明实践中心试点工作，制定《广州市新时代文明实践中心建设规范》，明确按照“十个一”标准规范各类文明实践阵地，按照“资源共享、阵地共建、活动共联、队伍共育”工作原则，突出文明实践功能，融入党群服务中心。积极探索整合辖区理论宣讲、教育服务、文化服务、科技服务、体育服务等平台资源为文明实践所用，统筹整合党群服务中心、文化活动中心、图书馆、农家书屋、纪念馆（博物馆）、乡村大舞台、文体广场、乡村学校少年宫、村民法治议事厅等基层公共服务阵地资源场所建设文明实践主阵地。在辖内其他服务平台，如道德讲堂、文化祠堂、农民学堂、妇女学校等建立“实践驿站”，构建网络化的文明实践阵地体系。依托微信平台开发全市文明实践中心试点移动端小程序，创新“互联网+文明实践服务”新模式，精准对接群众新需求。广州市委宣传部坚持需求导向、效果导向，建立文明实践项目库，搭建供需对接平台，依托融媒体“微社区e家通”，推出设置“微学习”“微文明”“微故事”等栏目以及一系列惠民利民举措，不断扩大文明实践活动的覆盖面和吸引力。发挥全市11个融媒体中心作用，依托公共数字文化服务、党员远程教育、“村村通广播”平台、现场云直播平台等载体和学习强国App、“两微一端”等新媒体，使文明实践中心与融媒体中心互动呼应，实现网上网下同频共振。推动相关涉农的资金和阵地资源，与文明实践中心相融合，将文明实践中心建设与融媒体中心结合起来，做到内容统筹谋划、场地统筹使用、资源统筹运用。按照规范化、科学化、制度化的标准强化队伍管理培训，探索实施“群众点单—中心派单—群众评单”的服务模式，让市民群众在亲身参与中进一步推动实践中心建设。如白云区京溪街新时代文明实践所重点打造出“爱心小斑马行动”“金牌服务室”“有事好商量”等三大志愿服务品牌。

打造党内政治生活实训新模式。为打通全面从严治党“最后一公里”，推动基层党组织和党员形成“守纪律、讲规矩”的良好风气，积极构建“令行禁止、有呼必应”党建引领基层共建共治共享社会治理格局。越秀区纪委监委、区委组织部联合区委党校，针对越秀区严肃党内政治生活和党支部标准化规范化建设短板，在全市成立首个严肃党内政治生活（党支部标准化规范化建设）实训中心，打造“两室一馆”（严肃党内政治生活综合培训室、党支部标准化规范化建设实训室和党史廉政教育馆），将党史党性熏陶、政治生活教育和组织生活实训三位一体有机结合，做到实训对象“三必训”（新任区属各单位党员领导干部“一把手”必训、新任基层党组织书记必训、新任党务工作者必训），实训内容“五必训”（政治理论学习必训、民主集中制原则必训、党的组织生活制度必训、党的纪律建设必训、基层党组织党务工作必训），切实提高实训对象的工作水平和基层治理能力，有效发挥“头雁”作用。在教学上，实训中心强化实际操作，着力解决“党务工作不会抓、不会干”的问题，力求达到“学了就能用”的实用效果。一是紧贴实际编制 “百科全书”。设计编制了3大类12个专题的组织生活标准化规范化实训课程，涵盖“三会一课”、组织生活会、发展党员、民主评议党员、主题党日等内容。结合国有企业退休党员社区化管理、转制社区发展党员违规违纪问题清理排查等专项工作制定专题培训教材，让基层党务工作有章可循、有规可依。二是紧扣问题举办“专题实训”。以问题为导向，围绕“党费收缴管理”“支部工作条例”等新形势下发现的新问题、提出的新要求和当前党内政治生活存在的不足开设“专题实训”，通过运用理论讲解、实操演练、督导点评、学员交流“四位一体”的“浸入式体验教学”，让基层党组织书记自己演、自己练，真正解决当前阻碍基层党务工作顺利开展的瓶颈问题，推动各级党组织全面提升组织力。三是紧跟形势开展“实战训练”。坚持结合区内中心工作任务开展专题实训，探索开展“项目化”“实践式”培训，把实训课堂向基层一线延伸。例如，在疫情防控期间，越秀区委组织部第一时间将疫情防控一线作为淬炼过硬党性、践行初心使命的实践课堂，组织全区2500多个党组织和5.8万名党员下沉到社区一线，冲锋在前、带头奉献，使基层防控力量得到进一步充实，切实让党旗在疫情防控一线高高飘扬。

打造“流动红色讲堂”。习近平新时代中国特色社会主义思想是马克思主义中国化最新成果，是当代中国马克思主义、21世纪马克思主义。广州市坚持以上率下，学在前面，不断掀起学习新高潮。坚持以学习成果指导实践，研究制定贯彻习近平总书记视察广州重要讲话和重要指示批示精神具体措施和工作重点，全力推动落实。针对区级以上党校阵地主要对领导干部、在职党员等常态化轮训较多，而大量农村无职党员、企业流动党员、社区退休党员等，仅依靠镇（街）、村（社区）开展培训，难以解决培训资源稀缺、阵地不足等突出问题，花都区委党校积极回应基层呼声、立足区情实际，成立面向广大基层党员的“红色宣讲队”，打造“流动红色讲堂”，把党课“搬”进乡间、祠堂、车间、企业等。自党史学习教育至2022年7月，花都区各级党组织利用红色革命遗址开展瞻仰革命遗址、参观主题展览、讲好红色故事、唱响红色赞歌、致敬英雄模范、重温入党誓词等相关活动1.1万场次，线上线下参加人员达90.5万人次。红色宣讲队员足迹遍布全区农村、社区、企业、机关，为推动基层党员教育培训全覆盖提供了“花都样板”。一是课程设置面向基层打造。每年初召开专题会议研究制定送课方案，明确以党的十九大精神和习近平新时代中国特色社会主义思想为主要内容，紧扣全国三大攻坚战、党委政府中心工作等积极备课，形成“习近平新时代中国特色社会主义思想学习纲要”“深入学习贯彻习近平总书记对广东重要讲话和重要指示批示精神”等一批精品课程，并将其列为基层党组织送课“主餐”。同时，根据基层党建面临的实际问题，设置“如何开好‘三会一课’”“党支部换届选举”“做好党员教育管理工作”等实操类课程，为基层党组织“配足营养”，推动提升规范化建设水平。已梳理包含“党性提升、政策解读、党务实操、素养发展”四大主题板块近20门课程的送课目录。二是打造“接地气”师资队伍。成立红色宣讲队，将高校人才、青年教师、优秀干部等纳入宣讲队伍，注重结合区情实际设计课程内容，坚持采取走上门的教学方式和接地气的授课语言，组织宣讲队到基层与普通党员面对面，开展巡回宣讲和常态化培训。举行“‘党声嘹亮’教学新秀讲党课比赛”，通过群策群力、集体备课、试讲评课等手段练兵比武，鼓励教师不断历练学习、转变教风，提升到基层开展党课教学的实操能力，真正把习近平新时代中国特色社会主义思想、各级方针政策传递到每个支部、教育到每名党员。

（二）坚持全面加强党的领导

2018年9月，广州市印发实施《广州市加强党的基层组织建设三年行动计划（2018—2020年）》，明确实施“六项工程”，开展“十项行动”，提出30项具体措施，把党的领导、全面从严治党要求落实到基层党建各个方面。在实施过程中，加大配套政策指导力度，基本形成了推进三年行动计划的“1+2+*N*”政策体系（即1套主文件、城市农村2个主要领域和*N*个配套文件），建立健全全面从严治党责任体系，推动各级党组织坚决有力贯彻落实中央重大决策部署和省委、市委工作要求，确保“令行禁止、有呼必应”。2018—2019年连续两年制定《广州市基层党建问题整改落实清单》，明确牵头市领导、责任单位和完成时限，坚持以调度会、推进会等形式，督导调度各项任务落实情况，及时协调解决有关问题，确保发挥党的领导作用。

坚决做到“两个维护”。党的十八大以来，党和国家取得历史性成就、发生历史性变革，根本在于形成并确立了习近平总书记在党中央和全党的核心地位。广州始终把坚决维护习近平总书记党中央的核心、全党的核心地位，坚决维护党中央权威和集中统一领导，作为最大的政治、最大的大局，深深刻在心上、稳稳扛在肩上、牢牢抓在手上。切实做到内化于心、外化于行。深刻领悟“两个确立”的决定性意义，带头做到对党绝对忠诚，严格执行省委坚决落实“两个维护”十项制度机制，坚决把习近平总书记、党中央决策部署落实到广州工作全过程各方面。全面加强党的领导和党的建设，坚决扛起“两个维护”政治责任，持续深化“大学习、深调研、真落实”。严格落实“第一议题”、党委（党组）理论学习中心组学习会等制度，持续推进党史学习、教育、宣传，厚植历史文化底蕴，敬畏历史、敬畏文化、敬畏生态，更好读懂广州、热爱广州、奉献广州。推动习近平新时代中国特色社会主义思想在广州落地生根、结出丰硕成果，使全市各级党组织和广大党员干部更加自觉、坚定、具体做到“两个维护”。推进全面从严治党向纵深发展，营造风清气正的政治生态，把贯彻落实党中央重大决策部署作为检验“两个维护”的“试金石”，筑牢政治纪律和政治规矩“高压线”，严肃查处对党不忠诚、不老实的两面人、两面派。在连续三年以市委1号文件形式制定出台全面从严治党政策文件基础上，2020年，广州市委再次以1号文件印发实施《关于推进政治监督具体化常态化、做到“两个维护”的若干措施》，聚焦政治监督，突出党的政治功能，提出16项具体举措，将有关问题细化具体化。坚决杜绝“两个维护”上空喊口号、形式主义，自觉把“两个维护”作为一切工作的根和魂，贯穿到每一项工作、落实到每一个环节、体现到每一个细节。做到政治上坚决维护、思想上充分信赖、情感上忠心爱戴、组织上自觉服从、行动上紧紧追随，筑牢绝对忠诚的政治品格。推动各级党组织在贯彻落实中央重大决策部署和省委、市委工作要求上做到坚决有力，实现“有令必行、有禁必止”。

构建党的建设责任体系。广州市以贯彻落实《中国共产党地方委员会工作条例》《中国共产党党组工作条例（试行）》两个条例为契机，建立市委书记专题会议、区委书记工作会议制度，制定市、区、镇、街党工委书记抓基层党建责任清单，完善农村基层党建工作问责制等有力举措。进一步压实管党治党主体责任，形成党委抓、书记抓、一级抓一级、层层抓落实的党建工作格局。通过出台约谈一把手制度、一把手监督十项措施，开展下级党委主要负责人和同级党政部门主要负责人向纪委全会述责述德述廉工作等，推动一把手严格自律，更好地把管党治党责任扛在肩上。白云区制定了《推动全面从严治党党委主体责任清单》《推动全面从严治党基层党支部（党总支）党的建设主体责任清单》等，把党委主体责任、纪委监督责任、党（总）支部主体责任和党委（组）、党（总）支部问题清单化，推动各级党组织明责履职。在区委“一把手”带头履行第一责任人职责的带动下，区四套班子成员以上率下联系挂钩各镇街，并与所联系镇街同考核、同奖惩，真正拧紧管党治党责任。把“关键少数”作为日常监督重点对象，连续5年坚持由区委书记、区纪委书记共同对全面从严治党主体责任制考核排名靠后单位的“一把手”逐个进行约谈。由区纪委书记、区委组织部部长约谈机关作风“三评议”排名靠后单位的“一把手”，“问”出责任担当。探索深化“三述”制度，对“三述”对象范围进行较大幅度延伸，推动全区各级单位领导班子成员全员“三述”，有效强化对“关键少数”的监督。南沙区打造省内首个“政治体检”中心，制定动态的“政治体检”负面清单，将精神性指标“显性”化、业绩性指标“精神”化，形成“构建一套科学指标体系、细分两级递进考核周期、设定三步体检评价流程、提升四维体检综合效能”的“1234”体检模式。抓住突出短板和薄弱环节，列出五类十项若干条目的负面清单指标体系，采取“211”体检方式，要求党员干部参加年中检和年度检“2”次体检。年中检由所属党组织核定出具“1”份“党性体检”问题提醒通知单，年度检由所属党组织核定出具“1”份“党性体检”报告。确保体检工作取得实效，化共识为共为，筑牢党员干部“永远听党话、跟党走”的绝对忠诚，使党员干部精神状态和干事创业劲头持续高涨。

推进全面从严治党向基层延伸。广州着力推动全面从严治党向基层延伸，制定《关于进一步提升基层治理水平 加强农村基层党建的意见》，全市35个镇都配备1名协助抓党建的党委副书记，选派优秀机关干部到村（社区）担任“第一书记”，持续整顿软弱涣散基层党组织，着力强化基层党组织整体功能。广州开展领导干部“八小时以外”活动监督管理工作，出台《关于加强领导干部家风建设的指导意见》，推动干部严守纪律、自觉履职，能干事、干成事、不出事。要求从严纠治“四风”，严肃查处不作为、慢作为、乱作为问题，坚决落实“三个区分开来”，健全容错纠错、绩效考核机制，支持改革创新宽容失误，引导干部安心、专心干事创业。2019年以来，广州市纪委监委贯彻落实党中央全面从严治党的重要决策部署，切实践行“以人民为中心”发展理念，为进一步发挥人民群众在反腐败斗争中的主体作用，将提高实名举报率作为重要切入点，建立“1+3+1”制度体系：“1个方案”，即制定《市纪委监委机关进一步加强实名举报工作方案》，全方位提升实名举报办理质效，形成群众正面预期；“3项制度”，即制定《关于保护、奖励实名举报有功人员的暂行办法》《关于主动交代问题和自动投案的信访处理工作规程（试行）》《广州市纪委监委查处诬告陷害信访举报行为工作规程（试行）》，从正反两方面入手营造依法有序实名举报的社会环境；“1个通知”，即下发《关于加强协调联动共同促进实名举报率提升的通知》，找到群众不愿举报的症结，消除群众不敢举报的顾虑，增强群众参与反腐败斗争的主观能动性，扎实推进实名检举控告受理办理、答复反馈、督查督办、保护奖励、宣传引导等各项工作，建立实名举报常态化激励机制，大力营造倡导实名举报的社会氛围，坚决筑牢党和人民的“连心桥”，强化“令行禁止”治理格局下的“民呼我应”成效。

（三）推进基层党组织全面过硬

近年来，广州市牢固树立大抓基层的鲜明导向，落实新时代党的建设总要求，从政治建设引领、建强组织堡垒、规范组织生活、拓展党建阵地、创新基层治理、聚焦重大任务等层面入手，着力提升基层党的建设质量，不断推动基层党组织建设全面进步、全面过硬。

实施“一十百千万”行动。2018年，广州市谋划开展加强基层组织建设“一十百千万”行动，作为夯实基层基础、建强战斗堡垒打出的一套“组合拳”，从建立标准体系、树立先进典型、明确主体责任等方面推动全市基层党组织全面进步、全面过硬。“一十百千万”行动即设计一套支部建设“指南针”，培育十个党建工作“新品牌”，征集百个组织生活“金点子”，选树千个支部建设“排头兵”，亮出万名支部书记“承诺书”。广州印发了《关于开展党支部标准化建设的通知》，通过制定党支部标准化建设指南，形成一套覆盖全市各行业、各领域党支部建设的标准化指引，从组织设置、班子建设、党员教育管理、组织生活、发挥作用、运行机制、工作保障7个方面，细化了34项具体工作内容。专门梳理了换届选举、发展党员、党员组织关系转接等支部最常见、最基础的13项工作，精心设计了13张工作流程图，给予基层党组织清晰的指引，建立起一套基层党组织可遵照执行、上级党组织可考核监督的标准体系。全面开展基层党组织达标创优活动，通过实践创星、评级定星、公开亮星、晋位升星等方式，分领域进行评比，评选出1000个星级党支部。向全市2.7万多个党支部印发了《广州基层党组织主题党日活动优秀案例100例》，使全市基层党组织学有榜样、做有标杆、超有目标。广州实施党建品牌化战略，开展党建品牌评选活动，以典型引路、成果提炼、推广应用为路径，通过组织推荐、资格审核、专家评审、网络投票等环节，每两年评选出10个政治功能突出、理念思路先进、方法措施独特、工作机制科学、活动开展扎实、实际成效显著的党建品牌，亮出一批有特色、有亮点、有成效的广州基层党建“名片”。针对党支部政治建设存在薄弱环节、党建工作抓得不够紧等问题，广州2.7万多名党支部书记和2500多名各级党（工）委、党组、党总支书记走到“台前”，公开承诺，以此为抓手，强化基层党组织的政治功能，全面提升组织力。[①]

实施“羊城村官上大学”工程。2012年以来，广州市实施“羊城村官上大学”工程，印发了《关于组织实施“羊城村官上大学”工程的通知》。2018年制定出台了《关于优化提升“羊城村官上大学”工程的实施方案》，累计招生11939名。全市村（社区）“两委”干部、党组织书记大专以上学历占比分别由2012年的29%和41%提高到2020年的67%和78%。未来将确保全市村（社区）党组织书记大专以上学历占比达到90%以上、“两委”班子成员大专以上学历占比达到80%以上，持续提升基层党组织带头人学历和素养。广州市以“123”为纲，推动“羊城村官上大学”工程优化升级。“1”即扭住“一个重点”，紧盯村（社区）党组织书记这个重中之重，选送尚未达到大专学历的党组织书记参加学历层次提升教育。“2”即推动“两个延伸”，将教育层次由大专向本科学历延伸、教育对象由农村向社区干部延伸。“3”即实现“两委”干部、后备干部、集体经济组织班子成员参加“羊城村官上大学”学历教育“三个覆盖”，确保全市村（社区）党组织书记大专以上学历占比达到90%以上、“两委”班子成员大专以上学历占比达到80%以上。在优先选调党组织书记、重视选调村级后备人选的同时，广州市还着眼于村（社区）长远发展，将学历班招生对象适当扩大到基层优秀党员。通过“菜单定制”的方式，为农村、城市社区不同领域的学员班量身定制差异化的课程表。学历班约40%的课程是根据基层干部实际从特色课程中选择配置的，较好地实现了课程内容与基层干部岗位实际相匹配，不断提升基层干部综合素质，更好地执行政策、抓好党建、引领发展、强化治理、服务群众。为加强联社、社区“两委”干部、后备干部教育层次提升，海珠区通过“四联双选”模式，即“区—职

---

① 张海、冯婧婧：《广州万名支部书记公开承诺》，《中国组织人事报》2018年7月16日。

能局—街道—学校”四方联动宣传，“学员报名，街道推荐”双向选择把关，加大工程宣传力度，提高教育对象知晓度，精准输送后备力量，强化培训成效。如海珠区瑞宝街道石溪联社立足转型升级发展，从2015年起，联合广州电大（海珠分校）开展“城中村”改造项目课题研究，并邀请中山大学、华南师范大学等高校教授面向村官讲授政策、法律法规、财务知识等课程知识。又如昌岗街道、南华西街道连续6年加强与广州电大（海珠分校）共建，推动免费送课进社区、进联社，推动全民终身学习教育体系构建。

培育青年后备力量。广州市各机关单位把青年干部理论学习作为“一把手”工程，摆上重要议事日程，把系统掌握马克思主义理论作为看家本领，把深入学习贯彻习近平新时代中国特色社会主义思想作为首要政治任务，经常听取情况汇报，研究解决存在的问题，并加强检查指导和督促落实。机关党委研究制定加强和改进机关青年干部理论学习的实施意见和年度理论学习培训计划，抓好学习培训的组织实施。基层党组织积极主动为理论学习培训创造条件、提供保障，倡导青年干部每天读书1小时。经常开展推书荐书和交流分享活动，培养爱读书、读好书、善读书的习惯，把读书变成工作和生活方式，成为新时代风尚。共青团组织发挥好引领推动作用，定期举办学习研讨会、读书会和主题联学，开展网络课堂、演讲比赛、知识竞赛、红色经典诵读等活动，使青年学习更加生动活泼、更接地气，更受青年欢迎。工会、妇联等群团组织发挥各自优势，形成齐抓共促的整体合力。推动青年注意把学习目标与时代要求、单位发展和个人工作紧密结合起来，把小我融入祖国的大我、人民的大我之中。常学常新，往深里走、往实里走、往心里走，把自己摆进去、把职责摆进去、把工作摆进去。进一步强化“四个意识”，学出绝对忠诚、学出“四个自信”、学出使命担当、学出能力水平，进一步树立马克思主义的信仰和中国特色社会主义的信念，坚定中华民族伟大复兴的信心。

二、激发“有呼必应”的组织联动效应

（一）优化基层机构和职能配置

深化镇（街）体制改革是党和国家机构改革的重要配套改革，是推进国家治理体系和治理能力现代化的必然要求。近年来，广州市以构建“令行禁止、有呼必应”党建引领基层共建共治共享社会治理格局为目标，深入推进镇（街）体制改革，着力构建科学高效的基层治理体系。注重发挥党的领导这个最大的体制优势，全面建强党的基层组织体系，建立健全镇（街）党（工）委对本区域重点领域、重大工作领导的体制机制，不断提升镇（街）党（工）委领导统筹能力。聚焦镇（街）机构设置不合理、权责不对等、“职责大、权力小”等问题，把握服务改革发展要求，合理下放管理职权，优化党政机构设置，切实增强服务管理能力。着眼民生需求，强化问题导向，积极整合各类资源，优化审批服务便民机制，加强数字政府技术支撑，提高网格化服务管理水平，有力推动基层减负增效。强化政策配套衔接，推动人员力量和资源下沉，累计下放镇（街）各类编制5000余名，确保基层有人有钱有权。通过一系列改革组合拳，有效推动资源、管理、服务向基层倾斜，提升了基层党组织的组织力，为构建“令行禁止、有呼必应”党建引领基层共建共治共享社会治理格局提供了坚强的体制机制保障。

综合设置镇（街）党政机构。加强对镇（街）党政机构设置的指导规范，做到宜统则统、应统尽统，既实行限额管理、强化综合设置，又体现因地制宜、兼顾本地特色。改革后，各镇设置机构7—12个，街道设置机构6—9个。镇（街）统一设置党政综合办公室、人大（工委）办公室、党建工作办公室（组织人事办公室）、纪检监察办公室、公共服务办公室（党群服务中心）、综合治理办公室等综合性办事机构。各区还结合实际，因地制宜设置符合本地需要的机构。

完善镇（街）统一领导机制。镇（街）党（工）委建立综合治理委员会、公共服务委员会、综合行政执法委员会等统一指挥协调的工作平台，委员会主任由分管相关工作的党（工）委委员担任，切实提升统筹协调能力。同步建立健全涉及多部门协同解决的综合性事项的考核督办机制。明确镇（街）党（工）委统一领导本级政权机关、社区党组织、群团组织和其他各类组织，统筹使用各类资源。镇（街）纪（工）委在党（工）委和上级纪委双重领导下开展工作，区城市管理综合执法局等有关部门派驻在镇（街）的机构原则上实行属地管理，与镇（街）本级有关机构整合设置。明确镇（街）、村（社区）党组织职责，分别建立党建联席会议制度。推动街道"大党工委"和社区"大党委"建设，全面构建以街道党工委为核心、社区党组织为基础、辖区单位党组织共同参与的区域化党建领导体系。继续实行派驻体制的机构纳入镇（街）统一指挥协调的工作机制，全部纳入镇（街）工作平台，落实镇（街）对派驻机构的指挥、调度、日常管理权。派驻机构的人员请休假、工作考核和负责人任免需征求所在镇（街）党（工）委意见。南沙区紧密围绕服务粤港澳大湾区核心功能区营商环境建设，推行区一级"一支队伍管执法"综合行政执法改革。健全完善体制机制，深入开展联合执法，为有效破解"权责交叉、多头执法"问题，取得阶段性成效，为构建"令行禁止，有呼必应"的党建工作新格局奠定坚实基础。番禺区以"放得下、接得住、管得好、有监督"为导向，新建镇街城市运行综合指挥中心，重构镇街基层治理"大脑中枢"，纳入全区城市治理"三级平台、四级管理"组织体系。既承担"有呼必应"基层治理综合调度平台的职能，又统筹履行党群服务、网格管理、综合治理、综合执法职能。牵头办理有关平台的信息采集、事件立项、任务派遣、结果反馈、上呼上报工作。统筹、协调、指挥、监督各执法主体开展联合执法和综合整治等任务。做到权随事转、人随事转、财随事转，让基层有人有物有权，做到基层事情基层办、基层权力给基层、基层事情有人办，打通基层服务群众的"最后一公里"。荔湾区聚焦特大型城市中心城区的基层治理难题，务实求真解决人民群众的操心事、烦心事、揪心事，围绕杜绝推诿扯皮现象，创新“左右联动”“上下呼应”的体制机制。横向上，围绕综合管理、重点工作、重大项目和应急处置4个方面明确12个大类42项“呼应”启动事项的情形和标准，厘清部门权责边界。纵向上，聚焦街道抓党建、抓治理、抓服务的主责主业，制定《街道行政职权实施目录》90项，赋予街道重大事项提议权、多部门协调事项统筹协调和督办权等6项职权，推动治理重心和配套资源向街道、社区下沉，提升呼应事项办理效率，形成“党委统筹、政府扶持、居民自治、社会参与”的模式，积极构建“令行禁止、有呼必应”党建引领基层共建共治共享社会治理格局。

优化组织体系建设。天河区紧扣中央商务区经济结构和人群实际，在区域党组织体系建设上下功夫，创新组建“天河中央商务区南区联合党委”区域党组织，优化楼宇党组织、区域党组织、街党工委“三级”组织体系，推动组建两新组织党组织247个，实现75栋楼宇、2个大型商圈党的组织和工作覆盖。结合街“大党工委”和社区“大党委”制，构建以街党工委为核心、社区党组织为基础、辖区单位党组织共同参与的区域化党建领导体系。推动楼宇两新组织与街道社区、国企等其他领域党建融合，形成区域统筹、多方联动、各领域融合的基层党建工作格局，以区域融合式党建推动提升城市基层党建整体效应。

（二）优化联动呼应机制

广州市全面强化党建引领“主轴”，建立完善“有呼必应”机制，前移治理端口，下沉工作力量，确保群众企业诉求有呼必应、即呼即应、一呼百应，推动城市基层治理体系和治理能力现代化再上新台阶，努力在高质量发展中走在前列。

赋权镇（街）增效能。黄埔区在镇（街）层面全方位覆盖设立“令行禁止、有呼必应”指挥中心，构建“区—镇（街）—村（社区）—网格”四级双向、协同高效治理体系，部门层面严标准响应，实施“专人响应、限时办结、星级评价”，对呼应事件必须“1天签收、3天办理、10天办结”。广州市住房和城乡建设局等重点响应部门另行建立了专门响应机制。注重围绕宣传贯彻、落实到服务三个层级，第一时间汇集党内最新理论和政策要求，第一时间发现和解决基层工作问题，第一时间反馈基层呼声和服务评价。把党委的统筹、指挥、调度能力发挥到最大，把党群资源整合、集中、集约起来，筑牢党员群众“听党话跟党走”的思想根基。着力开展“三项赋权”，赋权赋能增效力。赋人事“话语权”，所有政府职能部门派驻站、所的主要领导，任命必须征求镇（街）意见，绩效考核必须征求镇（街）意见，让镇（街）“说得上话”，促使镇（街）更好形成合力。在编外聘用人员使用上，实行任务指标包干、人员定额管理、镇（街）自主招聘、调配、考核、定薪，让镇（街）“说了就算”，更加灵活机动、因地制宜。赋财权，每年为各镇（街）增加500万元基层治理机动经费，实行“大专项”经费管理，放回财务自主核算权，增强镇（街）工作能动性。赋绩效考核指挥权，把评价主动权交给镇（街）、网格，把老百姓心中的这杆秤，真正连接到干部的“工资卡”，进一步激发为民办事的积极性。黄埔区在旧改一线，建立“镇（街）大党（工）委—旧改铁军攻坚联动党委—一线党支部”三级作战机制，发挥“大党工委”作用，镇（街）党（工）委对辖区范围内征拆负总责，统筹指导社区、经济社、权属单位开展征拆工作。创新在17个镇（街）成立旧改铁军攻坚联动党委，联合“双报到”单位、派出所、经济联合社、开发商、律师团队等部门单位携手作战，共同发力、攻坚克难。把支部建在旧改项目上，建设一线功能型党支部，把党建力量延伸至最前线。花都区结合镇（街）机构改革，探索推进基层行政执法体制改革创新，着力打破执法部门“各自为战”壁垒，有效整合基层各类行政执法力量和资源，打造一支综合执法队，实行统一执法管理、统一调度指挥、统一巡逻执法，构建高效运行综合执法体系，真正实现“一支队伍联勤执法”。推动基层治理从“处置问题”向“发现问题”、从“事后执法”向“前端管理”、从“应急处置”向“常态治理”转变。梳理镇（街）反映比较集中、自身难以解决、需要区职能部门协同解决的事项，形成13类36项启动“令行禁止、有呼必应”工作机制的情形和标准。并根据城市治理服务职能拓展不断补充完善，逐项明确承办主体和兜底部门。全面提升社会综合治理水平，不断增强人民群众的获得感、幸福感、安全感。增城区推进全域党建互联互动常态化，印发《全面推行“大党（工）委”制和社区“大党委”制工作方案》，加快推进镇街明责赋权扩能。推动13个镇街与326个单位、行业党组织互联共建，全面构建以镇街党（工）委为核心，社区党组织为基础，辖区单位党组织共同参与的区域化党建格局，深化在职党员和单位党组织“双报到”工作。开发“增城邻里”小程序，动员18141名在职党员回社区报到，推动304个区属单位党组织到属地镇街报到。在疫情防控、垃圾分类、污染防治、“创文”等重点工作中积极发挥作用，累计参与镇街治理、社区服务13万多人次。加强镇街党校和党群服务中心建设，着力构建“1+13+N”党群服务阵地体系，切实把361个党群服务中心打造成内涵丰富、功能齐全、特色明显的基层治理前沿阵地和服务党员群众的温馨家园。越秀区以街道管理体制改革为着力点，健全完善街道社区党组织领导基层治理的体制机制，探索赋予街道相应的职责职权，推动职能部门力量下沉到街道，从体制机制上为街道统筹区域事项创造条件。制定街道职责清单，明确党群工作、平安建设、城市管理、社区建设、民生保障、综合保障等6大板块99项职责，推动街道聚焦主责主业，集中精力抓党建、抓治理、抓服务。结合机构改革落实街道党工委专职副书记、纪工委书记配备，18条街道全部单独设置组织办公室，明确组织办主任作为街道党工委委员，编制人数不少于3人，配强配齐街道党建工作力量。出台落实街道相关职权的指导意见，明确落实街道对重大决策和重大项目的意见建议权、辖内综合性事项统筹协调权、区政府职能部门派出机构的日常考核权和机构领导人员任免调整建议权。理顺城管综合执法队、派出所、司法所、市场监管所和社区卫生服务中心双重管理模式，推动街道快速调动执法力量解决基层问题。

推动多元主体参与。广州市充分发挥新型举国体制集中力量办大事的优势，聚焦组织体系创新，自上而下建立起纵向到底、横向到边的区域治理体系，通过“自转”带动“公转”，为加强基层社会治理提供坚强有力的组织保障。从化区以人缘、地缘、趣缘为纽带，分众式组建“七支队伍”（“党旗红”先锋队、“红袖章”联防队、“连心桥”服务队、“老兵”护村队、“夕阳美”调解队、“贤内助”文明队、“向阳花”宣传队），打造扎根一线的社情民意信息员、邻里守望巡防员、矛盾纠纷调解员和平安法治宣传员，推动政策在一线宣讲、情况在一线掌握、矛盾在一线化解、问题在一线处置，构建党建引领多元参与的乡村治理力量体系。越秀区着力推动多元主体参与，围绕“党政有呼、社会响应”推进区域党建共建。各区委带头先后与省委党校、中国银行、中国建设银行广东省分行党委进行合作共建，与广州市民政局联合建立共建共治共享区域实践基地，与中国建设银行广东省分行党委打造全国首个由地方党委和国有商业银行共建的党群服务综合体——越秀区党群服务中心。从2012年起在全市率先全面推行街道“大党工委”制和社区“大党委”制，吸纳省人大、省总工会、省委党校、中科院广东分院、南部战区等单位党组织负责人、两新组织负责人和社区民警、党员骨干等加入“大党工委”和“大党委”行列。创新成立社区党组织牵头的共建共治共享社区治理领导小组，吸纳机团单位党组织负责人、在职党员骨干等力量作为协调委员会成员，研究社区基础建设与治理等议题，增强社区党组织集中力量办大事、解难事的能力。海珠区突出强化城市基层党建阵地政治功能，构建横向到边、纵向到底的党群服务中心体系。整合各类服务资源建成各级党群服务中心325个，打造“10分钟党群服务圈”。通过织密党群服务网络，融合各类服务资源。在充分整合街道文化站、社区服务中心、社区专职干部等工作力量的基础上，选优配强党建指导员、组织员、新兴领域区域党组织书记（专职副书记）共294人，打造一支党群服务中心专职队伍，确保人岗相适、到位尽责，“一站式”满足群众日常党务、政务、居务服务需求。各党群服务中心根据辖区服务半径内群众特色服务需求，以政府购买、项目合作等方式，因地制宜引入家庭综合服务、社工机构等社会化服务资源。提供有针对性的党群服务，做到服务供需的高度匹配，有效增强党群服务中心的吸引力，如海珠区琶洲“建设者之家”党群服务中心针对辖内互联网企业多、创新型人才多的特点，建立同名微信公众号并委托专业社工机构管理，已成功为1544人提供线上服务。海珠区素社街“红宿舍”党群服务中心打造瑶溪书屋并邀请第三方参与运营，打破常规开放时间，实现“一间书吧，温暖一条街道”。海珠区还组织全区156个机关、事业单位和两新组织党组织到街道党群服务中心报到并开展服务。在职党员协助开展疫情防控、社区环境整治、垃圾分类宣传、走访慰问群众等服务活动6万余人次。如海珠区赤岗街“红房子”党建基地发动辖内党员成立“城市综合环境微管养服务队”，清理路面、疏通排水，城区环境品质得以提升。海珠区南洲街创投小镇新智荟党群服务中心联合园区内企业，组织党员“献爱心、送温暖”走访慰问南洲街辖区内困难党员等各类型活动30多场，得到了群众的广泛认可。天河区以“红联共建”机制为抓手，作为构建“令行禁止、有呼必应”党建引领基层共建共治共享社会治理格局的创新实践，实施党组织共建、阵地共享、活动共办、党员共训、难题共解、合作共赢“六共模式”。开展助推企业发展、培育红领精英、聚焦优秀人才、铸造文化品牌、引领社会责任“五大工程”。在楼宇党建1.0版本、2.0版本基础上，推行组织联手、各方联合、阵地联片、平台联建、机制联动、项目联办、网络联通、队伍联袂，提升区域党建政治领导力、组织聚合力、阵地辐射力、政策传导力、工作保障力、活动吸引力、宣传渗透力、团队战斗力的“八联八力”工作机制。逐步探索出楼宇党建3.0版本，推动天河营商环境和社会治理双提升。

创新完善呼应机制。广州市直机关工委提高政治站位，强化党建引领，彰显政治属性，把“令行禁止、有呼必应”作为检验机关党建工作水平、检视创建模范机关质量、推进机关作风改进的“试金石”。围绕广州市委中心工作，聚焦作风突出问题，创新构建新的评议评价体系。实行年度基层评议整改任务“问题清单、专函专告、整改专报”制度，推进“随收随办、即收即办、专函专办、跟进跟办”等制度落实，多措并举倾听基层群众所期、所盼、所想，呼应基层群众意见建议和问题诉求，实行整改单位承办人联系制度和回复结案群众满意度评价制度。持续把年度基层评议整改列入评价评分内容，创造“马上办”的效果、“快速应”的效应，让基层评议机关作风工作焕发新的生机活力，有力推动机关作风建设取得新成效。广州公安坚持以人民为中心的发展思想，突出党建引领基层社会治理的工作理念。通过建立健全业务警种资源整合、防控力量优化整合、政府部门协作配合、社会力量联勤联动等工作机制，聚力打造五个“110+”警务体系，开创“统一协调、指令畅通、资源集约、整体联动、一体运作”的现代警务指挥新格局，有效解决警情快速联动处置和群众求助“最后一公里”落地等问题，实现了多元主体共建共治共享，切实提升了社会治理的整体协同性。广州市规划和自然资源局党组立足群众需求，把握改革契机，对标对表国际国内先进做法，组织下属市不动产登记中心会同各区登记中心持续推进不动产登记便利度改革，着重在多方联动、公众参与上发力。积极和金融、税务、供电、供水、供气、电信等部门加强部门联动，推行不动产登记“1+*N*”办理模式，推进信息互通共享，不断延伸服务。力促企业、群众办事不必“多头跑”，切实做到“民有所呼、有呼必应”。广州市城市管理和综合执法局党组搭建“三级呼应”机制，通过积极探索基层党建“共同体”模式，打赢违建治理攻坚战。番禺区建立问题采集、上“呼”上报、分类派单、处置落实、核实结项、督办考核的闭环管理机制。按照“区分责任、归口处理”原则，实施“四级响应、接诉即办”模式，实行“采办分离”，推动实现反应快速、处置高效。健全区城市运行指挥中心评价镇（街）、镇（街）评价职能部门和网格员、网格员评价问题办理的考核评价体系，强化考核结果运用，构建管理无缝隙、责任全覆盖的社会治理工作格局。对平台收集的共性问题进行综合分析，形成偷排废水问题、农村环境整治、交通拥堵等共性问题的“有呼必应”机制，实现从解决一个问题向解决一类问题转变。从化区建立党员网格化服务群众工作机制，组织开展“万名党员干部进百村（居）入万户家访”活动，以家访、夜访、电访等形式，实现“走村不漏户、户户见干部”。建立即时监督、快速反应、随时处置的闭环式快速反应处置机制，实现基层矛盾纠纷、安全隐患、信访苗头、不稳定因素等“一键掌控”。建立“1+1+1+N”基层矛盾纠纷“大调解”机制，即由1名村（社区）“两委”干部主持，1名村（社区）法律顾问和1名群防共治志愿者协助，乡贤、村民代表等共同参与，打造“一镇（街）一特色”示范性公共法律服务工作站（工作室）。建立梯队式社会面防控等级响应机制，完善重大活动期间社会面防控等级响应机制，组织“从化乡亲”群防共治队伍开展警民联防、自主防控、区域联防、整体联防等立体防控，实现重点部位、重点路段、重点场所巡防力量等级化投入。黄埔区贯通城市脉络快速呼应“总机制”，健全基层“快速呼叫”机制，开设“粤商通黄埔专区”，整合全区涉企服务事项53项。完善部门“快速响应”机制，各职能部门实施“专人响应、限时办结、星级评价”，呼应事件“1天签收、3天办理、10天办结”，实行超期“红黄牌”警示和扣分机制。推进形成“应急防控”机制，融合提升科技战“疫”服务能力，迅速搭建“区指挥中心+定点医院+隔离病区+17个镇（街）”的5G视频实时联络系统，构建起上下畅通、无缝衔接的信息实时传送和共享体系。强化科技支撑，向生物医药企业和科研机构免费开放算力，助力区内172家战“疫”企业和科研机构缩短研发周期。

（三）健全综合监督考核机制

广州市坚持把政治监督摆在首位，严明政治纪律和政治规矩，做实做细日常监督，深化选人用人工作监督，抓好突出问题常态化治理。坚持不断完善干部监督制度机制，健全组织人事监督与纪检监察、巡视巡察、审计等监督衔接贯通机制，充分释放干部监督制度效能。坚持严管和厚爱结合、激励和约束并重，完善干部考核评价机制，建立激励机制和容错纠错机制，旗帜鲜明为那些敢于担当、踏实做事、不谋私利的干部撑腰鼓劲。通过激励、奖惩、问责等一整套制度安排，保证能者上、庸者下、劣者汰，激励广大干部新时代新担当新作为，为加快实现老城市新活力、“四个出新出彩”提供坚强保障。

健全综合监督考核机制。越秀区建立“一事一考”综合评价机制，设置“令行禁止、有呼必应”绩效评价指标，将街道对部门绩效考核权重从3%提高到25%，并作为落实党建主体责任综合考核评价的重要内容。荔湾区坚持“督办+考核”，结合推进城市治理精细化品质化“百日攻坚”行动，建立双周通报制度，对“呼应”案件办理情况进行督导通报，对推诿扯皮情形严重、须依法依规问责的，由区纪委监委根据情形进行问责，确保“呼应”事项及时有效解决。同时，发挥考核的“指挥棒”作用，2019年起对区各部门和街道的“基评”和绩效考核指标进行全面优化，将“令行禁止、有呼必应”相关指标占比权重提升到30%，从事件响应效率、响应态度、响应结果三个维度，分级进行评价考核。白云区推动绩效考核向基层倾斜，将被考核单位分为党群、政府及法检、镇街3类，考核结果分为一等、二等、三等及不合格4个等次，镇街一等次比例为80%，高于机关30—40个百分点。将“9+1”项等重点专项工作纳入考核内容，排名前3位的单位分别加分，排名后3位的单位对应扣减，完善“自下而上”考核评价制度。在全市率先推行“镇街呼叫、部门响应”基层机关管理机制改革，出台“一方案一机制两清单”及配套文件，制定涵盖6个方面107个项目的镇街职责清单。赋予镇街干部建议权、重大决策参与权等“六项权力”，将镇街对机关部门绩效、作风评议考核的权重由5分提高至50分，真正变“上考下”为“双向测评”。增强镇街协调机关部门推进工作的“底气”，倒逼机关部门改变作风，加大对基层工作的支持和服务力度，形成上下联动、下沉基层的工作局面。建立区领导与挂点镇街同考核、同评价机制，按挂点联系镇街考核等次确定区领导个人绩效考核结果，单位主要领导按本单位考核等次确定个人绩效考核结果。拉开评分差距，严控优秀比例，90分以上单位不超过30%，80—90分单位不超过50%。按单位考核等次限定个人考核最高等次，并突出个体差异。单位考核为一等、二等的，限定个人考核最高等次的人数比例；单位考核为三等、不合格的，分别规定一定比例的个人不合格等次。强化结果运用，2019年根据平时考核结果，按规定对2名基本称职、2名不称职干部进行相应处理。

建立正向考核激励机制。海珠区海幢街按工作量高低对网格工作进行四级评定，动态调整配备社区网格员，全面充实社区网格力量，分类制定街道机关、事业单位和社区专职绩效考核办法，将解决网格问题、信访投诉处理等纳入考核，结果与绩效奖金挂钩，完善网格工作监督问责机制。组织特约监察员、社区监察员对网格员廉洁从政、工作作风等进行监督，纠正“有呼必应”工作中不作为、慢作为、乱作为等问题。对考核排名靠后的网格党支部相关人员，采取通报批评、领导约谈、诫勉谈话等方式问责。落实领导谈心谈话制度，主动关心干部思想动态，鼓励容错、辨明要求。白云区印发《村社干部履职正负面清单》，从思想、工作、作风、廉政等四个方面明确村社干部履职的正、负面行为，其中建立正面清单31条，负面清单60条，印成16万册“口袋书”，向群众逐户发放讲解，形成强大监督氛围。出台村社干部、后备干部、经济社干部、集体经济组织成员代表、村级工作人员“五类干部”制度文件，把干部任免权牢牢抓在党组织手中，实行提级管理、分级任命，全面推行村级干部区级联审、区委书记签批，社级干部镇街联审、镇街书记签批，实现村、联社、社区党组织书记三个100%“一肩挑”。强化考核结果运用，把评定结果列为干部人选审查必审内容，明确被评为三星以下党员的，不得列为“两委”干部候选人。在职干部评星情况直接影响年度考核和奖金，2次以上被评为季度三星以下党员的，年度民主评议为不合格。开通优秀人才进班子“直通车”，公开选拔名校学生、名企业职工回村担任书记，跨村提拔村社干部，公开招聘、培养“一村（联社）一组织员”。建立一票否决、退出机制，建立村社干部任用评价体系，实行政治不合格一票否决、履职不合格停职免职、评议不合格职务终止，全面畅通村社干部出口。坚持党管干部、分类管理，抓实述责述廉述德。每年底党组织书记向镇（街）党（工）委书记述职，“两委”干部向党组织书记汇报，全体村社干部向党员群众“三述”，评议结果作为履职考核重要依据。

建立常态化考核监督机制。花都区对综合指挥调度平台上报事件实行“一呼一考”，由基层单位依据事件办理和部门响应情况，客观公正作出评价，系统自动生成考核结果，切实强化对每次事件响应处置情况的监督。建立区级职能部门、镇（街）分级考核评价体系，分类考核镇（街）上报、职能部门响应基层事件情况，以及镇（街）内流转的事件各执法小分队、各部门、各网格处置情况。将考核结果作为各单位年度绩效考核重要指标，将基层事件响应处置情况作为开展模范机关创建活动的重要内容，将平台建设和运行情况列入镇（街）书记抓基层党建述职评议考核的重要内容，层层压实工作责任。

强化自治认领巡查。天河区珠吉街成立“小雨滴”党员治水志愿服务队，辖内30个两新组织党支部与7个社区开展结对共建，共同认领责任河涌，利用下班、周末时间义务巡河，发现问题，或现场协调或及时上报。共组织109名党员，将辖内8条河涌划分为50个河段进行认领。以党员为主体，同时探索选聘团员、各级人大代表、出租屋协管员、民兵、交通协管员、志愿者和社会热心人士等担任民间河长。建强巡河队伍，积极构建“民间河湖长”机制，充实民间治水队伍力量。充分发挥民间河长巡查员、宣传员、参谋员、联络员、示范员的“五员”积极治水作用，推动形成“全民监督，全民共治，齐抓共管，人人参与”的良好水环境治理格局。天河区天园街道环宇社区党委依托小区党群议事站、党员联络站，建立“居民恳谈日”制度，设立“两代表一委员”、社区书记信箱，畅通社情民意沟通收集渠道。社区党组织常态化开展“走千家、访万户、暖民心”活动，“零距离”倾听居民呼声。

三、打造“简约高效”的赋能管理平台

（一）打造城市智慧大脑

广州市深化新一代信息技术在城市治理领域的创新应用，构建“令行

禁止、有呼必应”平台，统筹推进智慧城管、智慧交通、智慧安防、智慧应急、智慧市场监管、智慧国土、智慧环保和智慧法制等应用体系建设，形成以数据驱动的城市综合治理新模式，全面提升城市治理精细化、决策智能化水平。

黄埔区构建基层治理统筹调度一体化“总平台”，立足现有的党务政务资源，在市相关部门的支持下，推进“多网”融合。以“令行禁止、有呼必应”综合调度指挥平台为总平台，搭建共建共治共享的数据平台，在一个平台上实现集中接报、实时响应、统一指挥、联合行动。整合经济社会全域元素，将全区3000多家规模以上企业、250多个企业筹建项目，以及相关联的住建、城管、环保等数据全融合到一个模块，实现窗口零切换、数据真融合。不断深挖数据潜能、促进融通，全过程全领域创造优质营商环境，将惠企制度政策红利快速直通企业，真正实现服务精准化智慧化。结合区情实际，打造两个特色板块——面向企业，通过“粤商通黄埔专区”，构建“一站式”政企互动平台；面向群众，通过“小程序”，打造“一门式”便民服务平台。新冠肺炎疫情期间，在全市率先落地市疫情防控企业复工复产指挥信息区级平台，在全国率先出台第一份复工指引、第一个复工备案系统和第一个疫情物资申购系统，构建起“企业反馈需求—政府统筹分配—国企采购物资—京东配送上门”的即配即送即达机制，打破区属部门间数据壁垒，研发汇聚成党委决策和指挥调度使用的“一张图”。融合打通国土规划、“四标四实”、地下管廊、物联网等大数据，形成全域地上地下、室内室外、现状未来的“一张图”。在区级“一张网”统筹的基础上，鼓励各街道探索创新，在查违、治水、服务群众等工作中，实现了解放人力、精准服务、提升效能。依托“令行禁止、有呼必应”综合指挥调度平台，畅通呼应渠道，贯通联结体系，针对群众安置需求、子女教育需求、长者特殊需求等多方诉求，用“红色大脑”智能指挥、智能治理、智能服务旧村改造，做到“按需施策、定制服务”。

番禺区全覆盖完成“1+16+275”［1个区级、16个镇（街）、275个村（社区）］平台实体化建设，统一规范平台名称。区级平台设在区城市运行指挥中心，配备公务员编制7名、事业编制16名，由副处级干部带领专职团队负责运营，在区行政办公中心建设1265平方米实体化场所，分设指挥大厅、案件转办大厅、24小时总值班室等场室。镇（街）平台设在镇（街）城市运行指挥中心，配置96名网格化服务管理工作人员，统一标准建设办公区域和视频监控、视频会议等功能场室，构建语音、视频、图像监控等多功能于一体的智能化指挥决策中枢。村（社区）平台设在村居网格服务站，依托现有办公场所优化升级，配置452名网格化服务管理工作人员，具备信息采集、案件流转、监控调取、指令收发、视频会商功能。按照边建设、边使用、边完善的思路，持续优化升级各级平台，融合智慧党建、网格化、城市综合治理、经济运行等9大主题，贯通全区16个镇（街）和47个职能部门，整合16个业务系统，对接省市180多个专题数据表，推动全区城市运行一网监测、预警信息一键发布、便民热线一号通办、网格管理四级贯通，推进城市治理体系和治理能力现代化。

花都区依托数字广州（花都）基础应用平台（DHS平台），搭建“令行禁止、有呼必应”综合指挥调度平台，设置花都党建、多网融合、一键呼叫、企业有呼、应急管理、防疫平台、数据中心、群众服务、治水管理、党建地图等10个功能模块，积极打破部门间数据壁垒，有效融合市网格化服务管理系统、12345政府热线、数字城管系统、来穗管理系统和区数据中心平台、政务服务系统等六大系统平台，稳步推进与综治、治水、消防等业务系统融合，开发应用综合指挥调度移动终端App。确保基层治理事件一个终端录入、一个平台流转、一个系统处理，实现政务服务“一网通办”、城市治理“一网通管”。

从化区全面打造“两大平台”。创新打造线上线下相结合的党建引领乡村治理平台，激发党员、群众参与社会治理的主动性和积极性，线上开展“指尖群防”行动。创新打造集党务政务村务信息公开、网上办事、公共服务于一体的“仁里集”一键通云平台，打通村民反映问题的渠道，实时上传日常掌握或巡逻过程中发现的安全隐患、矛盾纠纷、信访维稳等信息，切实突破时间限制和空间壁垒，确保乡村治理“耳聪目明”。线下搭建“家门口”的“从化乡亲”群防共治村级服务室，整合村党群服务中心、综治中心等基层资源，发动广大群众积极参与基层自治、群防共治志愿服务，发挥群防共治人熟、地熟、情况熟的优势，解决了一批历史遗留的难事、干部难断的琐事，基本做到小事不出村、大事不出镇、矛盾不上交。

（二）科技赋能治理效能

广州市以大数据等新技术为助推，通过建设载体平台、整合数据要素、做活运转机制，积极探索“党建引领、大数据支撑、全要素运转、网格共治”的基层治理新模式，有效提升基层治理智能化、科学化、精准化水平。

黄埔区萝岗街面对城乡二元结构分割、权责不对等、科技支撑不够、治理效能不高等现实问题，顺应变局、开创新局，强化“走新路、敢试错”的创新精神。坚持“小切口、大破题”，构建“一个指挥中心+一个通用平台+N个功能子系统”，精细化推进“智汇街区”建设，把信息技术、智能装备、数据服务转化为基层治理效能，推进城市基层治理思维、手段和方式的创新性重塑。着力破解城市基层治理中的不平衡不充分问题，在高效“呼”“应”中交出高效治理推动高质量发展的“合格答卷”。紧扣基层治理痛点、堵点问题，在智汇平台上定制化设计国土查违系统、水务监测系统、社会关爱人群监护系统等子系统，变“静态管理”为“动态监控”，变“事后处置”为“提前预防”，铸造基层治理的“金刚钻”。建设“无人机定期巡河+固定水质监测传感设备+人工处置”智汇水务系统，无人机每周巡查河面，实时传输数据到指挥中心。同步在河面安装水质监测传感器，对COD（化学需氧量）等关键指标进行实时监测，发现异常情况实时自动圈出、比对、报警，通知执法人员到现场及时处理，实现快速定向锁定、靶向治理，弥补了传统水质污染监测手段耗时、耗力、不精准等不足。自系统运行以来，推送案件5宗，已处理5宗河面垃圾，在“散乱污”治理、雨污分流等源头监控方面发挥重要作用。智汇查违系统创新实行“无人机+AI+人工处置”工作模式，在80多个网格建立监控点，覆盖辖区25平方千米。定期出动无人机对全部网格进行地毯式巡视航拍，对地面建筑进行无死角“扫盲”，通过智汇云平台进行前后叠合比对分析，甄别地块、建筑信息变化，一经发现异常立即通过系统分派执法人员现场处置。切实解决了拆违执法力量弱、固化证据难、隐形违建发现难、管理死角和隐蔽盲区监控难等瓶颈问题。自系统运行以来，共报告疑似违建案件59宗，已核实处理58宗。统筹运用“智汇街区”工作机制，将查控“两违”、巡河、环保、三旧改造、卫生、安全、医疗、养老、信访等100多项任务综合汇集。通过大数据分析研判与风险预警，在纷繁复杂的基层治理任务中精准发现琐碎化、易忽视的“易燃易爆点”，提前做好风险预案，早发现、早预警、早控制、早处理，为基层治理提供全面感知、风险预测、事态预警和决策支撑，助力全覆盖高效治理。

番禺区整合监控视频13000个，构建无人机4G实时图传系统、城市运行及应急指挥决策辅助系统，通过定位轨迹督查、AI智能识别等，进一步提升平台协调联动、应急处突、指挥调度能力。创新探索智慧查违，通过无人机特定飞行周期拍摄，实现违建监察预警、查违事件数据AI分析对比、自动识别违法用地、楼顶加建、私人建房等对象。2343名网格员全部“实名”落到网格，网格员手持移动终端开展网格巡查，通过“番禺网格通App”实时上报网格事件、评价事件处置、收集社情民意、登记入户走访、反馈工作轨迹，形成事件自动发现、信息实时推送、线下及时处理、过程全程监控的查违闭环管理治理体系。以开展网格化管理工作为契机，创新研制“禺山智汇”系统，打通与来穗管理、“数字番禺”等系统接口，盘活“城中村”各类基础治安要素，不断夯实治理工作基础。通过社区民警和村内党员积极入户宣传，在规模以上出租屋推广使用门禁系统和“禺山智汇”，促进来穗人员主动登记居住信息、办理居住证。将上门采集信息变为平台审核信息，化被动为主动，实现“人来登记、人走注销、人在更新”，及时掌握重点人群居住动态。番禺区石碁镇充分运用“无人机+智慧云”等技术手段，建设智慧查违系统，对违法建设、违法用地、大宗垃圾等问题实施全域性周期性治理。同时对65个违建黑点、8个垃圾黑点，16个违建和垃圾黑点实施重点监控，做到巡查到位、管理到位、整治到位。全面分析辖区地理情况，科学设置了176个无人机监控点，实现全镇360度全覆盖监控拍摄。预设无人机航线，进行每周1次的无人机航拍，对重点区域每周拍摄2次。无人机在60米高空自主飞行，动态航拍半径600米范围内的景象，每周拍摄影像图片约10.56万张，自动上传至智慧查违系统。智慧查违系统运用AI智能识别分析功能，将往期与当期拍摄图像进行前后叠合对比，自动“划重点”，圈出疑似“两违”、大宗垃圾部分，显示位置信息、坐标参数等具体信息，自动生成报告并推送到综合指挥调度平台。

南沙区以榄核镇、珠江街为试点逐步建立覆盖全区的“党建大喇叭”宣传系统，以“1个镇（街）级中心平台+*N*个播放终端”为载体，构建“三位一体”播报格局，按照“中枢控制、分级管理”运行模式，搭建“1个中心平台+*N*个播放终端”广播系统。中心平台主要包括每个镇（街）设立一个广播室，配齐广播设备，由专人负责播报宣传信息，可同时控制辖区的播放终端。在每个村（居）设立播放终端，配备播放设备（大喇叭），与中心平台联网，实现接收信号即时播音。除了传统播报网络以外，通过手机端连接，随时随地部署工作、调度力量，实现运行智能化、管理规范化、覆盖网络化，推动党建宣传工作规范化、常态化。进一步发挥党建宣传阵地在动员群众、引导舆论、凝聚人心、促进工作等方面的积极作用。切实丰富了群众精神文化生活，使村（居）民开阔了视野，获得了更多致富信息。同时也密切了党员干部同人民群众之间的联系，有效架起了干部群众之间的“连心桥”。

（三）推动党建工作与中心工作相融合

广州市各级党组织树立“抓好党建是最大的政绩”的理念，在安排全盘工作时不忘安排党建工作，在落实各项任务时不忘发挥党建工作的政治保障作用，在工作遇到困难时不忘发挥党员的先锋模范作用。围绕党建工作与中心工作一起谋划、一起部署、一起考核来完善体制机制，通过党建工作推动中心工作。中心工作要牢牢把握新时代党的建设总要求，找准发力点，通过中心工作推动党建工作。

新冠肺炎疫情暴发之初，广汽集团面对防疫物资紧缺的局面，集团党委决定立即转产口罩，迅速集结组建党员突击队开展技术攻关。先后派出骨干员工146人次，夜以继日钻研成型、焊接、电气等相关技术和流程，不到半个月即实现口罩量产。用4周时间完成41台口罩生产线组装，累计生产口罩超8000万只，有力支援疫情防控一线和复工复产。第一时间动员党员干部投身城乡社区防控一线，24297人次参加社区防控。在复工复产过程中，第一时间组建党员突击队319支，共3754名党员参加，前后支援生产防控一线5779人次，结对帮扶1088人次。广汽集团总部与猎德街道利民社区（有韩国籍居民）共建并签订联防联控协议，向街道提供防疫物资，并在韩国疫情高峰期发挥人才优势快速组建一支12人的“韩语翻译后援团”，协助社区开展疫情防控工作。在融入基层治理中，广汽集团共有9641名党员回社区报到，服务人次8882人次，服务比例达92%，参加创文活动比例达100%。认真落实“六稳”“六保”要求，积极推动广州经济社会稳定发展。加大力度稳投资稳外资，疫情期间积极协调解决企业在防控物质、原材料、工人到岗等方面所遇到问题，全力保障23个广州市“攻城拔寨”项目建设。贯彻落实国家新基建项目投资政策，加快广汽智联新能源汽车产业园5G等基础设施建设，积极推进南方（韶关）智能网联新能源汽车试验检测中心项目，有力地推动了广州市经济社会稳定发展。

广州医药集团有限公司（以下简称广药集团）党委恪守“国企姓党”政治属性，从严从实高标准谋划企业党建工作，升级“123广药党建”创新模式，聚力“六心六强”，全面提升党建引领基层治理水平。打造“123广药党建”模式2.0版，即明确一条主线——“大党建引领大发展”，坚持两大导向——“党建高标准、发展高质量”，在集团各级党组织中强化“三大引力”——党的领导力、党组织的组织力、党建工作的创造力，切实发挥国企党组织把方向、管大局、保落实作用。广药集团党委认真落实全面从严治党主体责任，建立和完善党建工作领导挂点督导、书记例会、定期报告、年度考评、党务干部及党员轮训等工作机制，促进高质量党建引领企业高质量发展。新冠肺炎疫情发生后，集团党委第一时间向全社会作出“不提价、不停工，保证产品质量、保证公益为上”公开承诺。集团党委班子成员带头，全体在职党员闻令而动，共组建党员突击队108个，参加党员共2192名。集团迅速组建由党员骨干为主体的攻关小组，经过24小时奋战，完成了口罩实名预约线上系统的开发，建立起线上线下“一站式”服务体系，承担广州市“穗康”小程序口罩预约购买的落地执行任务。新冠肺炎疫情暴发初期，广药集团党委决定向湖北等省份捐赠价值1200万元的药品、防护用品。白云山汉方公司大年初二通过EMS专车紧急驰援武汉，无偿捐赠研发新冠病毒疫苗所需原料注射级大豆10千克给武汉相关科研单位。在广东抗疫关键时期，广药集团向市第一人民医院捐赠价值100万元的抗疫物资，向广东支援湖北荆州医疗队捐赠防护物资和药品。疫情发生后，广药集团共向全球捐赠价值超过2000万元的药品和医疗物资。

广州地铁集团有限公司贯彻落实市委、市政府关于推动制造业高质量发展的决策部署，把“令行禁止、有呼必应”机制落实转化为新时代党建引领轨道交通产业高质量发展的责任体系，依托地铁“红色羊角”党建品牌和影响力，联合上下游产业联盟企业打造集党建、治理及发展于一体的“红色羊角共同体”。“令行禁止”确保中央决策部署、省委工作要求和市委工作安排在产业链落地落实；“有呼必应”确保发展难题及时解决，打造党建引领、共建共治共享的高质量发展企业共同体，助力广州经济焕发新活力。牵头成立轨道交通产业联盟大党委，打造兼具功能性和服务性的全新党建组织，落实党对轨道交通产业的全面领导。设置委员10名，由联盟理事单位相关负责人担任委员。梳理大党委10项重要职责，重点开展广州市轨道交通产业战略、中长期发展规划，并指导联盟企业党建工作开展。系统摸查80家联盟单位党组织及党员情况，推动有3名以上正式党员的民企建立党支部，在产业链形成全覆盖的基层党组织体系，不断提升联盟企业党组织聚焦中心任务、聚力全局工作的能力。升级地铁集团党委“令行禁止、有呼必应”综合指挥调度平台，联动联盟企业实时参与疫情防控、抗击台风及洪水等急难险重任务。对接万胜园区民营企业，响应海珠区琶洲街常态化疫情防控、文明创建等需求。联合中铁建、东湖社区在十号线东湖站建设“地铁新线社区共建党建基地”。广泛开展警站、校站、医站等共建，定期开展党员进社区服务，全面提升民营企业承担社会责任、参与社会治理的积极性，助推全市构建“令行禁止、有呼必应”党建引领基层共建共治共享治理格局。

第三章

引领：提升基层党建的高质量发展

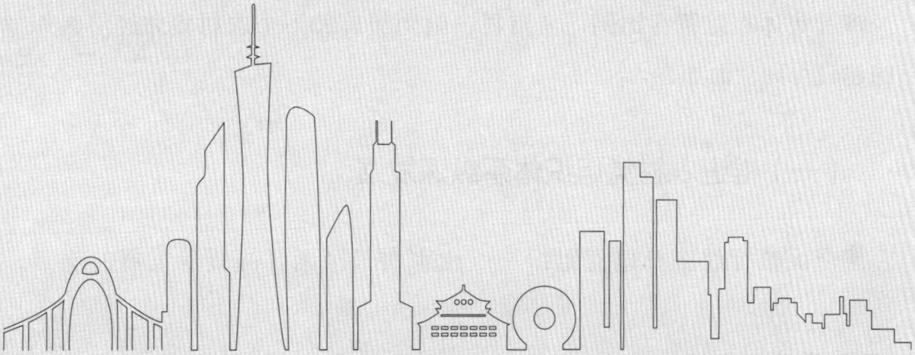

党的十九大报告指出：“以提升组织力为重点，突出政治功能，把企业、农村、机关、学校、科研院所、街道社区、社会组织等基层党组织建设成为宣传党的主张、贯彻党的决定、领导基层治理、团结动员群众、推动改革发展的坚强战斗堡垒。”[①]在中国共产党成立100周年之际，广州市上一轮党的基层组织建设三年行动圆满收官，一大批社会治理老大难问题得到有效解决，党员理想信念“总开关”持续拧紧，基层党组织建设标准化规范化水平全面提升，为实现老城市新活力、“四个出新出彩”提供坚强的组织保证。2021年，《广州市加强党的基层组织建设三年行动计划（2021—2023年）》印发实施，广州通过党史学习教育、学习贯彻习近平新时代中国特色社会主义思想的常态化制度化安排凝心铸魂，农村党建、城市党建、两新组织党建和机关党建等呈现更高质量和更新气象的发展态势。

一、推动农村基层党建全面进步、整体提升

农村工作千头万绪，抓好农村基层组织建设是关键。办好农村的事情，实现乡村振兴，基层党组织必须坚强，党员队伍必须过硬。党的十八大以来，广州着力强化村党组织对各项工作和各类组织的领导地位，出台具体举措，全面规范村级重大事项决策“四议两公开”，明确经济联社、经济社集体收益留存比例，全市村、组两级1.23万个农村集体经济组织党的建设得到全面加强。

（一）推进农村党组织体系纵深发展

全面推行经济社建党组织。广州市白云区紧盯高质量发展的痛点、

① 习近平：《决胜全面建成小康社会 夺取新时代中国特色社会主义伟大胜利——在中国共产党第十九次全国代表大会上的报告》，《人民日报》2017年10月28日。

难点、堵点，不断加强党的建设，先后出台40项党建改革制度，形成20项创新举措，打造“4+5+1”基层党建制度（即农村“两委”干部4项管理制度、基层党员5项管理制度以及党支部星级评定制度）、“党支部建在经济社、业委会和网格上”、村社换届选举“六公开”等党建品牌，基层党组织领导的“令行禁止、有呼必应”共建共治共享社会治理格局全面形成。大力推进经济社管理改革，全区1768个经济社全覆盖组建党支部1704个，实现了全区经济社党组织建设全覆盖，填补了基层治理工作的空白点和薄弱点。推行经济社社长任命制，推动实现党支部书记和经济社社长一肩挑，强化经济社党支部对经济社重大事项、印章使用、财务会计等方面的领导权和决策权，打通重点工作执行落实“最后一公里”，有力地将上级党委的决策部署落实落细到位。创新打造了“4+5+1”基层党建制度，要求村社班子成员要公开履职承诺、结对联系党员群众、参加教育培训，并向党组织、向党员群众“三述”。要求基层党员亮身份亮承诺、包干一个责任区并联系群众。白云区还组建了村（联社）党员突击队，参与环境综合整治、突发事件处理等服务活动，并对党支部进行星级评定。白云区还全覆盖建立村社大学生名单2.07万人，遴选后备干部2672人，公开招聘“一村（联社）一名组织员”166人，参与村社班子分工，构建“大学生—后备干部—经济社干部—组织员—村干部—党组织书记”梯次培养链，交出一份以高质量党建引领保障高质量发展的白云答卷。①

加强基层组织的人员培养。荔湾区选优建强社区（经济联社）党委（总支、支部）班子。根据荔湾区老党员多、人户分离等特点，采取老中青相结合的办法，按照政治素质、业务能力、年龄结构等原则合理选配支委会成员。特别是选好党支部书记和组织委员，突出向在城市更新改造、参与重大项目、重点社区治理、扫黑除恶等工作中发挥关键作用的党员倾斜，选拔熟悉党务和基层治理、善于做群众工作的干部。一是抓好党组织书记“头雁工程”。结合社区“两委”和经济联社领导班子换届选举，进

① 《白云区：抓组织建设 塑党建品牌 以高质量党建引领高质量发展》，《广州日报》2021年7月1日。

一步提高社区（经济联社）党组织书记和居委会主任（联社社长）“一肩挑”比例。探索全面推行社区党组织书记和居委会主任“一肩挑”，对书记、主任“一肩挑”的社区配备1名专职从事党建工作的副书记；对没有实现“一肩挑”的社区，由党组织书记专职负责辖区党建工作。建好社区（经济联社）党组织书记后备人才梯队，着眼社区（经济联社）党组织集中换届，按照不少于1：2的比例建立党组织书记后备人才库。坚持把政治标准放在首位，注重把党性强、作风正、潜力大的优秀党员列为社区（经济联社）党组织书记、副书记和委员的后备人才，对后备人才进行重点培养，实行动态管理。深化“大学习、深调研、真落实”，以推动经济联社党组织建设为切入点，荔湾区“精选”政治素质高、思想作风硬、业务能力强的16名优秀处级领导干部，分别到16个承担区重大建设项目、产业园区、“城中村”改造的经济联社担任第一书记，在“抓重点、促发展，补短板、强弱项”上精准发力，建强经济联社党组织。二是推进基层党建队伍专职化。各街道党工委设1名专职从事党建工作的副书记，下一步根据市委城市基层党建“1+4”文件，加快配备1名组织委员，每个街道配备党建指导员4名，在社区（经济联社）配备1名组织员，逐步建立起基层党建专职工作队伍。三是加强党务工作者全员轮训。在区委组织部成立基层党务知识宣讲队，在区委党校开设“书记学堂”“先锋论坛”等平台。区层面制定年度教育培训计划，确保每年至少开展1次新任职社区（经济联社）党组织书记培训，每年进行1次社区（经济联社）党组织书记和党务工作者党建专题全员轮训。各街道党工委结合实际搭建各种教育培训平台，制订年度培训计划，确保社区（经济联社）党组织书记队伍、党建骨干队伍、后备人才队伍、居民带头人等每年至少安排1次以上党建专题培训。加强挂职交流力度，社区（经济联社）党组织书记、副书记每届任期内至少安排1次到街道和职能部门机关的挂职锻炼，街道党建指导员每3年至少安排1次到职能部门和社区（经济联社）的挂职锻炼，挂职时间不少于1个月。四是加强党员日常管理培训。严把党员发展关，各街道党工委每年制定发展党员计划，合理分配指标，保持支部发展党员的均衡性，防止支部多年没有发展党员现象。扎实做好失联党员规范管理和组织处置工作，做好组织关系排摸清理，对失联党员、不合格党员严格按照程序做好处置。开展党员日常教育培训，充分利用街道（社区）党群服务中心（站）、街道党校、党员远程教育站点等平台和阵地，加强党员日常教育，党员每年学习培训不少于32学时，至少每年参加1次街道组织的集中学习培训。各级党组织支委每年学习培训时间不少于56学时，至少每年参加4次街道党工委或街道党校组织的集中学习培训。

打造第一书记驻村工程。2019年，中央“一号文件”——《关于坚持农业农村优先发展做好“三农”工作的若干意见》指出，“建立第一书记派驻长效工作机制，全面向贫困村、软弱涣散村和集体经济空壳村派出第一书记，并向乡村振兴任务重的村拓展”。从化区以“百名第一书记驻村工程”为抓手开展基层党组织“头雁”提升行动，精准选配了一批第一书记，优选了一批村后备干部人选，推动基层党组织组织力及基层干部队伍素质实现双提升。一是探索建立“政治理论武装+专业能力培训+体验式教学”培育模式，创新开展村干部跟班学习活动，先后组织47名村干部（其中村支部书记14名）到区直党群、涉农部门或属地镇街等开展“零距离”“一对一”结对跟班学习，不断提升村干部政治能力和业务水平。二是创新实施“头雁引领群雁高飞”计划。在党员领导干部、第一书记、优秀村党组织书记中组建“百名头雁”导师队伍，对在换届选举“回头看”专项行动中梳理的45名存在干事动力不足、执行能力差、集体经济特别薄弱等问题的村党组织书记，实施党员区领导、镇（街）党（工）委书记“一对多”，第一书记、优秀党组织书记“一对一”，镇（街）领导班子成员“多对一”的挂钩联系帮带，推动全区“头雁”整体素质提升。三是建立第一书记岗前培训制度。“定制式”设计培训课程，帮助第一书记迅速转换角色、进入工作，积极为乡村振兴事业出谋划策，助推农业强农村美农民富。四是明确第一书记角色定位。从化区要求第一书记以当好“六大员”为主线，把准角色定位。当好“六大员”，即要当好“调查员”，走村入户熟悉党情村情民情，全面了解村“两委”班子、村经济社会发展、群众所思所盼所想等各项情况。要当好“协调员”，及时掌控所驻村的班子现状和干部群众思想动向，发现矛盾隐患提前介入化解，确保小事不出村、大事不出镇（街）、矛盾不上交。要当好“指导员”，加强政策法规学习，在吃透上级关于农村基层党建和“三农”工作的路线方针政策基础上，积极为农村推进基层党建和乡村振兴事业出谋划策，助推农业强农村美农民富。要当好“联络员”，主动加强与镇（街）和区有关部门的沟通协调，发挥好桥梁纽带作用，确保上情下达、下情上传。要当好“宣传员”，宣传好习近平新时代中国特色社会主义思想以及上级各项决策部署，推动党的路线方针政策家喻户晓、深入人心。要当好“服务员”，立足村情民意，着力解决村民最关心最直接最现实的利益问题。通过“头雁”沉下去，把党的声音及时传递到村基层，把农村工作做到村民的心坎里去，把工作干在实处。

（二）加强党建引领全面推进乡村振兴

实施乡村振兴战略，是党的十九大作出的重大决策部署，是决战脱贫攻坚、决胜全面建成小康社会、全面建设社会主义现代化国家的重大历史任务，是新时代“三农”工作的总抓手。2018年10月，习近平总书记在广东视察时再次强调，火车跑得快，全靠车头带，基层党组织要团结引领农村，既要加快脱贫致富，又要推动乡村全面振兴。坚持党管农村工作，毫不动摇地坚持和加强党对农村工作的领导，健全党管农村工作方面的领导体制机制和党内法规，确保党在农村工作中始终总揽全局、协调各方，为乡村振兴提供坚强有力的政治保障。党的十八大以来，广州市牢固树立抓党建就是抓发展，抓发展必须抓党建的工作理念，积极寻求党建工作与乡村振兴的结合点，以提升组织力为重点，打造党建引领乡村振兴的新动力引擎。不断提升基层党组织的战斗力，充分发挥基层党组织领导基层治理、团结带领群众、推动经济发展的战斗堡垒作用，确保乡村振兴各项政策落地生根、开花结果。把乡村振兴绘制的美丽蓝图变成新时代农村改革发展的现实图景，为乡村振兴战略的顺利实施提供坚强组织保障。

突出政治引领，让思想“入心促行”。突出政治引领，就是要充分发挥基层党组织宣传党的主张、贯彻党的决定、领导基层治理、团结动员群众、凝聚人心、推动改革发展的战斗堡垒作用。坚持抓乡促村，落实县乡党委抓农村基层党组织建设和乡村治理的主体责任，不断提升农村党建整体水平。用党的创新理论团结教育党员群众，凝聚共识，不断增强政治认同、思想认同、理论认同、情感认同。

从化区坚持突出政治功能，坚持把党的政治建设的要求转化为工作思路、工作举措和具体行动，确保在政治立场、政治方向、政治原则、政治道路上同党中央保持高度一致。把握党的政治建设核心要求，抓实“新时代讲习轻骑兵”活动“一十百千万”工程，不断强化广大党员干部的“四个意识”，提升基层党组织的政治统领力。

一是创新开展新时代讲习活动“一十百千万”工程，即建立一支忠诚核心、拥戴核心、维护核心、捍卫核心的“新时代讲习轻骑兵”；每年打造不少于十个“新时代讲习所”或“讲习轻骑兵工作站示范点”；组织讲习员上山下乡、进村入户；每年开展千场讲习活动；组织万名党员参与，让万名党员受教育，推动习近平新时代中国特色社会主义思想和党的十九大精神家喻户晓、人人皆知。推动各级党组织和党员干部牢固树立“四个意识”，坚决维护习近平总书记党中央的核心、全党的核心地位，坚决维护以习近平同志为核心的党中央权威和集中统一领导，自觉在思想上政治上行动上同以习近平同志为核心的党中央保持高度一致。[①]截至2021年6月，从化区各级党组织共开展讲习活动780多场，参与党员、群众累计34400多人次。中央电视台、人民日报、南方日报等中央、省市媒体分别对新时代讲习活动“一十百千万”工程进行采访报道。编印《习近平新时代中国特色社会主义思想摘要手册》《党的十九大以来中央和省市区有关中央会议精神学习材料汇编》等资料16500多册。

① 《广州：“新时代讲习轻骑兵”打通农村宣讲“最后一公里”》，《广州日报》2018年4月20日。

二是开展多形式、分层次、全覆盖的思想教育活动。开展“党员领导领学带学督学”活动，优化完善领导干部挂点联系乡村制度，严格落实党员领导干部双重组织生活制度，坚持深入所在党支部和乡村联系点开展讲党课等讲习活动，定期开展谈心谈话，示范带动基层党组织规范党内政治生活。通过领导干部带头学、专题培训系统学、基层全面学等形式，广泛深入开展“幸福奋斗讲坛”等思想教育活动，组织各领域先进人物代表与基层党员、群众分享幸福奋斗的经历和体会，推动思想大解放、观念大转变、精神大提振，为乡村振兴打牢思想根基。如从化区米埗村充分利用2017年新建的党群服务站，为党员开展活动、开展学习提供一个具备“新时代讲习所”“讲习轻骑兵工作站示范点”“幸福奋斗讲坛”作用的场所。村党支部每月都会定期组织两到三次党课学习，同时不定期在二楼会议室或农户家中举行一些不同形式、不同主题的党建活动。2021年7月，区委组织部领导和党员与该村党员在田间地里与村民互动，帮助农户割秧收谷，并邀请“新时代讲习轻骑兵”组织部一位退休老党员在田间地头与党员干部、村民生动地讲述从化的革命党史等。

三是发挥新时代农民讲习所“大学习”平台作用。加强新时代农民讲习所和新时代讲习轻骑兵工作站建设，按照“有场所、有牌子、有制度、有书籍、有活动”为主要内容的“五有”标准，每年打造不少于10个新时代农民讲习所或讲习轻骑兵工作站示范点。加强“新时代讲习轻骑兵”讲习员队伍建设，着力把政治素质好、有一定政治理论水平，善于同干部群众开展面对面、互动式宣讲的各战线、各领域的党员干部和先进人物引入讲习员队伍，不断扩大“新时代讲习轻骑兵”讲习活动的覆盖面和影响力。以特色小镇的“新时代讲习所”为主阵地，大力开展新时代讲习活动“一十百千万”工程，坚持“既要讲、也要习”，结合农村特点和农民需求，以群众喜闻乐见的形式创新开展讲习活动，推动习近平新时代中国特色社会主义思想深入基层、深入人心，引领提升农民精神风貌。

四是加强红色教育基地建设。强化对23处党史旧（遗）址巡查维护，深挖红色历史故事，打造红色教育基地。2015年以来，从化区先后将巢德麟小楼、白石嘴胡氏公屋、黄沙坑申请为广州市中共党史教育基地。2018年12月，黄沙坑革命遗址纪念馆开幕。2018年12月4日，西塘村建成全国首个乡村宪法馆。2019年8月，白石嘴胡氏公屋及周边被打造成红色教育打卡点。2019年8月14日，在流溪温泉荔枝球展览中心建成从化乡村振兴实践馆。此外，以编写《温泉镇志》为抓手，从2019年7月启动全面挖掘整理温泉历史文化工作，提升温泉历史文化软实力。通过打造红色教育基地，弘扬革命传统，大力传承红色基因。

强化组织引领，让产业“兴”起来。发展产业是实现脱贫的根本之策，产业兴旺是乡村振兴的重要基础，是脱贫之基、富民之本、致富之源，是解决农村一切问题的前提。只有让农业成为有奔头的产业，农村全面发展才有坚实的物质基础，才能保障国家粮食安全。

从化区坚持把规划作为生态宜居美丽乡村建设的“先手棋”，高起点高标准加强村庄规划和产业发展规划。在充分尊重农民意愿的情况下，充分利用得天独厚的生态资源优势，根据大湾区、广东省和广州市产业转型升级的相关规划和建设趋势，主动融入粤港澳大湾区一体化发展协同机制。因地制宜，根据实际定位和特色，引进相应项目，建设示范样板，带动上下游协同发展。从化区人民政府印发《广州市从化区支持生态设计小镇发展的若干措施的通知》，通过“依托特色小镇建设，组团连片，辐射一批”的方式，精心打造具有岭南风格的特色小镇，辐射带动周边村庄公共发展。以特色小镇为动力源，以联动廊道为动力轴，将全区221条行政村统筹划分为15个片区，对标特色小镇建设标准，全域推进生态宜居美丽乡村建设。做到特色小镇辐射一片——按照核心区突出旅游社区服务功能，拓展区对标核心区提升人居环境品质的思路，实行“一个片区、一个规划、一种风格、一套标准”，充分发挥特色小镇核心村的辐射引领作用，带动拓展区约90条行政村成功打造生态宜居美丽乡村。联动廊道带动一片——探索构建“主线+支线+连接线”的线路网络，既有力推动了温泉、米埗、南平、莲麻等特色小镇的联动发展，也带动建成约453千米的流溪绿道，打造6条美丽乡村旅游线路，有效带动了周边农村的乡村振兴工作。

将这些特色小镇打造成为全区乃至广州市生态经济发展新高地，特色经济发展新亮点，引进和培育一批具有行业影响力的科技和服务业龙头企业，建设成为全区经济发展新引擎，带动全区乡村振兴工作。这些特色小镇，主要包括莲麻小镇、份田璞归小镇、温泉财富小镇、榄核镇等。莲麻小镇位于广州最北端的吕田镇东北部，国道G105线旁，邻近大广高速地派出入口。广府文化、客家文化及红色文化在莲麻小镇交融，拥有特色菜、特色酒、特色民宿、流溪河源头等元素。莲麻村先后荣获第四批“国家美丽宜居村庄示范”“全国环境整治示范村”和第五届全国文明村称号。南平静修小镇位于从化区温泉镇凤凰山下，三面环山，建有南平客厅、凤凰栈道、耕作便桥、南平双桥、木棉双塘等。这里正依托“山、泉、林、溪、石”五大特色生态景观，着力打造成为以“静修”为主题的休闲观光特色小镇。西和万花风情小镇位于城郊街西和村，小镇以“花”为主题，通过从当地农民手中流转土地，实现现代都市观光农业的集约集聚发展，打造都市型农业示范村。小镇内有旅游景区5家，其中宝趣玫瑰世界和大丘园农庄已创建成国家3A级旅游景区，天适樱花悠乐园正按国家4A级旅游景区标准进行打造。西塘童话小镇位于鳌头镇西塘村，是以生态休闲旅游为主的农耕田缘、龟博园，以农林牧畜渔为主题的动漫雕塑公园，以三农产业为主的动漫文化联合打造的“童话”小镇。从2016年开始，小镇每年举办广州西塘稻草节，打造特色节庆品牌。米埗小镇位于良口镇米埗村，“米埗”的字面含义是粮食交易的码头，历史上小镇是流溪河水上驿道的一个埠头，流溪河未停航前，是从化各类商品交易集散地之一。小镇地处流溪河畔，有洛溪河与磻溪河从辖内流过，生态环境优美，多家特色民宿“藏身”其中，周边还有从都国际会议中心、崴格诗酒店、赛马场等大型企业项目。联溪（阿波六）徒步休闲小镇位于良口镇联溪片区（包括下溪村、溪头村、锦村），小镇以锦村阿婆六自然村为主，结合山水资源、徒步文化、竹文化、高山花卉文化及客家文化，突出流溪瀑布、生态人居、农耕体验等资源特色，建设高山生态旅游区。小镇拥有枫叶廊桥、黄茶杜鹃、蔡家古堡、千泷沟瀑布、流溪源头等美景，以及“驴友”自行开发的约30

千米的“影古线”等徒步路线。锦洞桃花小镇位于江埔街锦洞片区（包括锦一村、锦二村、锦三村）。小镇的发展采用政企合作模式，以桃花为主题，结合多种四季花卉品类，以景观、休闲、农业、旅游作为产业发展依托，加以人文、科普、教育及文化表演等特色资源，打造成为多元创意体验的花卉生态旅游景区。份田璞归小镇位于吕田镇份田村，涵盖份段社和份田社。小镇较好地保存客家特色的传统围屋建筑群，有独特的客家宗族居住文化，是原生态村落。份田璞归小镇突出“璞归”主题，着力挖掘提升流溪河源头文化、古村落、旧民居和特色物产等本土文化元素，融合古朴自然与现代文明，规划打造别具匠心的小镇景观。古田小镇位于吕田镇塘田村，由古一、古二、卢屋3个经济社组成。小镇三面环山，山清水秀，自然生态环境保存完好。小镇内的牛栏河发源于良口溪头，是广州市母亲河——流溪河的源头之一。鸡枕山海拔1175米，素有“广州第二高峰”之称。温泉财富小镇位于从化区温泉镇，拥有世界珍稀温泉，以及按4A级标准建设的从化度假“一站式”婚姻登记中心，北京大学经济学院华南分院、清华大学五道口金融学院产学研基地、湾区设计开放大学相继落户。小镇正致力打造上千亿资金规模的国内一流财富管理集聚区。

又如，南沙区榄核镇强化党建引领产业发展，常态化把发展壮大镇域经济作为抓党建的重中之重，利用红色资源这一独特优势，开发集遗址参观、红色研学、绿色休闲采摘、娱乐游玩等项目于一体的红色旅游产业链，带动周边农户餐饮、民宿、特色农产品销售等业态发展。利用星海文化名片的品牌引领作用，打造非物质文化遗产香云纱项目——云纱星韵香云纱非遗产业园，同时结合星海红色文化、香云纱非物质文化遗产、疍家人文化、沙田水乡文化、农耕文化，正将该产业园建设为红色和传统文化传承特色研学基地，成为经济发展新增长极。打造农业产业集聚区形成碳中和新经济。榄核镇形成规模化乡村农业产业集聚区有三个，分别是牛角村兰花基地、合沙村香云乐苑广州市农业公园、民笙农场。三个园区总年收益超过2600万元，带动农户就业323户，乡村产业成功带动农村脱贫300余户。其中牛角村被评为“一村一品、一镇一业”专业村、首批省级专业村，牛角村兰花基地被评为市级农业公园。引入省级农业龙头企业助力甘岗村现代农业科技智慧示范园，打造全镇首个现代农业新技术研发、特色农产品生产推广、农旅深度融合示范项目。打造党建步道形成红色生态。榄核镇子沙村充分利用辖内榄核河、浅海涌、大王头涌等丰富的河道资源，对河堤沿线进行景观整治，打造了东堤、南堤绿道，长度共计约5千米。2021南沙区市民运动汇“中国铁建杯·扬名立万”徒步活动之榄核分会场“生态子沙·绿境环游”绿道徒步行活动以羊晚星海艺术基地为起点，沿子沙绿道环绕子沙村一圈，全程约5千米。社会主义核心价值观建筑标识、法治文化特色长廊在星星点点的紫色小花簇拥下映入眼帘。沿途设置了8个党史学习打卡点，增强了徒步活动的趣味性和教育性，进一步推进子沙村文化建设，涵养村居人文精神，提振村民的精气神。有些景点已经成为各地党组织过“红色”生活的热门打卡地，实现了榄核红色乡村旅游经济新生态。

创新机制引领，让乡村治理迈上新台阶。广州市注重发挥党组织凝聚各类组织的核心作用，健全乡村党组织领导基层群众性组织开展工作的各项制度，建立人人有责、人人尽责、人人享有的社会治理共同体，积极把党组织的主张转化为群众的自觉行动。

例如，荔湾区打造乡村集体经济治理新模式。落实党建工作主体责任，牢固树立“抓好党建是最大的政绩”党建工作理念。街道党工委书记是街道社区（经济联社）党建工作第一责任人，每季度要主持召开1次辖区党建专题会议，每半年组织开展1次辖区党建工作专项督查，每年向区委常委会述职。街道党工委分管党建副书记、组织委员集中精力协助书记统筹推进党的建设工作。街道党工委其他班子成员严格落实“一岗双责”党建工作责任制。街道下属党组织书记每年要向街道党工委述职，接受基层党建工作述职评议考核。以《中国共产党章程》为根本遵循，规范街道党工委和社区（经济联社）基层党组织管理和运行机制。对各项运行制度进行梳理完善，重点健全完善基层党建工作责任制、领导班子工作规则、党政班子联席会议制度、党风廉政建设制度、思想政治工作制度、联系服务群众制度等自身建设制度规范，规范“三重一大”决策程序，形成完整的制度体系，推动街道社区（经济联社）基层党组织运行规范、作用充分发挥。坚持保障党员主体地位和各项权利，全面落实党内选举、决策、管理和监督等各环节的制度规定。以党支部标准化建设为抓手，按照工作标准、管理（考核）标准、服务标准的分类，对“三会一课”、组织生活会、民主生活会、民主评议党员、请示报告、谈心谈话、党费收缴、支部主题党日活动等各类组织生活制度进行全面梳理。起草了《荔湾区基层党建工作标准化制度文件（征求意见稿）》，建立基层党支部可参照执行、街道党工委可考核监督的组织生活标准体系。开展支部标准化创建活动，选择了101个创建试点单位，在创建活动中全面落实制度规范，在窗口部门开展“我是共产党员”活动，引导党员“亮身份、比服务”，在机关普遍开展“机关党建+”系列活动，促进党建工作和业务工作相结合。加强组织生活台账管理，健全“五簿一册”，使街道社区（经济联社）基层党组织做有依据、学有规范、查有台账。

再如，海珠区加强党建引领推动垃圾分类工作形成“西村模式”。坚持党建引领，深入贯彻落实习近平总书记“垃圾分类就是新时尚”的理念，深化政企合作模式的垃圾分类前端减量做法，围绕“一户一码”智慧分类平台构建了五种机制：强化市场化运作机制、激励机制、家校互动机制、阵地配套完善机制、监督检查机制等五种机制（即“1+5”模式）。在市、区上级部门指导支持下，在辖内建成生活垃圾收运区、回收宣教基地，与西增路、增埗公园、广雅小学、岭南湾畔小区的垃圾分类宣传、教育、实践场所设施形成配套的全链条硬件系统，积极探索打造生活垃圾分类2.0模式，持续擦亮垃圾分类品牌。2020年11月，西村街被列为全国垃圾分类大会广州市参观点之一，迎接了湖南、江西和福建省代表的考察。住房和城乡建设部在《城乡建设》上刊发《践行垃圾分类广州“新”理念的西村案例》，全面介绍西村街以党建引领垃圾分类工作的具体做法。西村街将党建引领落实到垃圾分类工作的各个方面。首先是党建引领党员带头。以党工委党建联席会议，街、社区两级生活垃圾分类联席会议等形式，将垃圾分类作为落实生态文明理念、加强基层治理的一个重要内容，由党组织书记任第一责任人，常抓常议，形成了党建引领、党员带头、党群协同的运作机制，营造了社区党组织、居委会、业委会、物业公司、机团单位、企业、志愿者“多维一体”联动参与的氛围。覆盖辖内69个党组织、1900名党员，开展“我能为垃圾分类做什么”主题讨论。党员带头转变思想，从我做起、从家庭做起、从力所能及的事做起，不仅积极参与街道和社区的垃圾分类宣传、站桶指导等工作，还带动家庭在小区、楼栋中带头模范实行分类投放。2020年初以来，先后有1260多名在职党员回社区报到，利用周末和夜晚时间，参与到垃圾分类工作中。参与内容包括现场分类指导、定时投放点站桶引导、上门入户宣传教育等内容。其次搭建“一户一码”智慧平台。在居民登记注册后，将每户居民信息绑定独立二维码，居民在家将垃圾按干湿两类用带码的垃圾袋分装后投放，经收集统一运送到垃圾处理站，站内终端进行扫码识别、破袋抽样检查，实时掌握社区居民有没有参与垃圾分类、分类次数多少和分类质量好不好。参照居民“一户一码”模式，将辖内38个机团单位、8个物业管理小区、140多家餐饮企业编上独立二维码，由环卫工人、垃圾处理站通过终端掌握数据，为街道实施管理监督提供有效支撑。再次是开展“小手拉大手”家校互动。在辖内13所知名中小学、幼儿园，每周组织“环保·分类”主题班会，每月开展宣传、征文活动，每季举办“环保之星”“分类之星”和“最美家庭”等评比活动。在比、学、赶、帮、超中树立垃圾分类意识，带动家长参与垃圾分类。定期开展“小手拉大手”主题实践、“垃圾分类开学第一课”观课等活动。在亲子互动、共受教育中，家长陪同孩子一起学垃圾分类、孩子在家中督促家长垃圾分类，达到教育一个孩子、影响一个家庭、带动一个社区的目的。组织在校学生走出学校，走进附近增埗公园生活垃圾收运区、垃圾分类青少年宣教基地和岭南湾畔分类示范小区等场所，沿垃圾分类精品示范路线，参加社会生态环保实践。以“垃圾分类小志愿者”“小河长”的身份参加社区垃圾分类督导和增埗河河涌治理等工作，把垃圾分类知识、习惯转变为生态文明和环保理念，使垃圾分类成为人生成长道路上的绿色必修课。

又如，从化区全面启动温泉风景区整治提升工作。温泉风景区具有独一无二的温泉、资源、文化、景观，但多年的无序发展，却使老温泉陷入管理无序、秩序混乱的境地，没有激发出其应有的活力，最终成为从化乃至广州的一块“心病”。从化区确立美丽小镇战略后，决心对温泉风景区进行整治提升。从化区全面启动了温泉风景区整治提升工作，为解决景区内现时的设施、景观、功能、产业问题，制定了《从化温泉风景区三年行动计划（2016—2018）》，以完善公共服务设施、旅游服务设施、交通设施、市政基础设施、历史文化、生态、景观七大方面为工作重点，计划在2016—2018年实施14个整治提升项目，逐年完善景区的设施、景观和功能。2017年2月，温泉东路改造工程正式实施，对道路路面、排水给水系统、路灯照明、景观绿化、电力管道、通信管道等进行全面完善改造。2018年，为巩固改善人居环境工作成果，在全镇掀起新一轮改善农村人居环境工作新高潮，从化温泉镇全体镇村（居）干部继续发力，扎实推进人居环境整治工作。镇党政领导深入各村（居）参与、指挥、督导整治工作，根据各村（居）实际情况，研究、制定工作措施。包村干部每天到村（居）和村（居）干部开展整治工作，镇村干部全力投入，形成一级带着一级干、全面参与、上下联动、整体抓落实的工作机制。镇、村干部利用节假日及晚上时间，通过召开村党员干部、村民家长会议、入户宣传等形式，向群众宣传环境整治的意义。广泛发动群众树立文明意识，养成文明习惯，积极支持和参与人居环境整治，共同打造干净、整洁、舒适的人居环境，共同建设生态宜居美丽家园。围绕居住环境“干净、整洁、有序、宜居”的目标，各村（居）组织发动群众全面开展“三清理”“三拆除”“三整治”工作，按照新标准每天坚持清理内巷乱堆放建筑材料、房前屋后杂草杂物、积存垃圾、沟渠池塘小溪（河）淤泥、漂浮物和障碍物，积极做通做透群众思想工作，拆旧危房、旧废弃猪牛栏和露天厕所茅房等。乌石、石南、龙桥、南星等村扎实推进“三拆除”工作。2018年10月20日和21日，温泉镇25个村（居）继续开展环境整治工作。据统计共出动镇村（居）干部、党员群众、保洁员1180多人次，钩机10台次，清理卫生死角110多处，清理杂物乱堆放1050多处，清理建筑余泥120多处，清理大件废弃物20多车，派发宣传资料1000多张。为进一步破解风景区仍存在历史文化资源挖掘利用不够、产业特色不突出、基础设施建设滞后、墟镇城市管理落后等问题，按照省、市对从化温泉提出的加快提升品质、启动新一轮升级改造等工作要求，温泉地区将被定位为以环境“生态核”、历史“文化心”、经济“创新带”、旅游“风景区”、生活“宜居地”为目标的粤港澳大湾区红色文化传承地、生态经济核心区。根据《关于加快实现“老温泉、新活力”从化温泉地区全面提升三年行动方案》，从化区统筹整合温泉镇卫东村、温泉村、天湖村、云星村、宣星村、乌石村，以及区域各种资源，加快拓展从化温泉发展空间，力争用三年时间，实施7大提升行动和60项具体工作任务，努力将温泉地区打造成为具有全国引领作用的乡村振兴示范点，建设国家5A级旅游景区。按照方案要求，2019年全面完成30项工作，通过深入挖掘红色历史文化、温泉康养文化和流溪河流域地方民俗文化，全面提升从化温泉地区文化综合实力。①

二、加强城市基层党建探索创新

城市基层党建既是组织凝聚群众的重要抓手，又是打通城市基层党组织服务群众 “最后一公里”的着力点，这已经成为推进基层治理的重要遵循。党的十八大以来，我国城市基层治理成效显著，离不开基层党建优势的充分发挥。加强党的领导固然是推进城市基层治理实践的重要保障，但城市的高速发展背后仍然存在着诸多不确定性因素，那么“在如何将这种力量有效地纳入经济建设与社会发展之中，与政党、政府以及民众一起构

① 《广州从化温泉实施七大提升行动 建设大湾区红色文化传承地》，乐居网，2019年4月14日，https://baijiahao.baidu.com/s?id=1630747741599859872&wfr=spider&for=pc.

成有效的治理结构和治理合力的问题上，依然在理论和体制上面临许多的困难”[①]。广州市紧紧围绕城市特点和规律，连续三年不断健全和完善城市基层党建政策体系。2018年在全省率先出台《关于全面加强城市基层党建工作的意见》主文件和4个配套文件。2019年对标对表上级要求制定实施《关于全面加强和改进城市基层党建工作的意见》。2020年明确实施“四个一”举措，即制定一个年度工作方案、列出一份措施清单、打造一批示范点、推进一批重点项目，系统谋划城市基层党建工作，不断推进新时代城市基层党建全域提质、聚力增效，持续探索超大城市党建引领基层治理现代化新路径。特别是2021年5月本土新冠肺炎疫情发生后，广州市委对党建引领基层治理进行了全面审示和深入反思，并在此基础上，出台了《关于进一步织密上下贯通执行有力组织体系提升超大城市党建引领基层治理水平的工作方案》，着力推动党建引领基层治理质量和水平整体跃升。

（一）增强城市党建的整体效应

广州市委坚决贯彻落实中央印发的《关于加强和改进城市基层党的建设工作的意见》，紧紧围绕习近平总书记赋予的“实现老城市新活力”“建设粤港澳大湾区区域发展核心引擎”等重要战略任务，着力增强城市党建的整体效应。以加强党的领导和党的建设为根本政治保证，以解决基层一线问题，打通社会治理的“最后一公里”，满足人民群众的获得感、幸福感和安全感为导向，构建“令行禁止、有呼必应”党建引领基层共建共治共享社会治理格局。有效破解了“老城市”的治理难题，激发了城市新活力，切实推动了全市各项工作“出新出彩”。

将党建工作纳入整体工作部署，增强党建聚合效应。习近平总书记指出：“党政军民学，东西南北中，党是领导一切的。”加强党的全面领导和党的建设，是推动城市建设发展的决定力量和重要基石。近年来，广

① 林尚立：《两种社会建构：中国共产党与非政府组织》，《中国非营利评论》2007年第1期。

州作为世界一线城市和国家中心城市的地位不断凸显，参与全球竞争的实力不断增强，国际大都市建设不断提速。越是领航探路，越需要加强党的领导；越是发展靠前，越需要党的建设提供保障。聚焦国家中心城市的要求及大湾区区域核心引擎的功能的发挥，围绕建设现代化国际大都市的目标要求强化城市的集聚和辐射带动作用，使广州在全球城市体系和国家发展战略布局中扮演更加重要的角色，必须进一步将党建工作纳入城市整体工作进行规划部署，构建与广州发展阶段相匹配的党建新模式，把党建工作渗透到城市改革发展的各个领域各个层面各个环节。对表对标党中央和省委的决策部署增强党建聚合效应，切实将“四个意识”“两个维护”的政治引领力转化为城市发展力，形成上下联动、整体推进的良好格局。广州市委印发《全面提升组织力构建“令行禁止、有呼必应”基层党建工作格局实施方案》，将增强政治功能摆在首位，强化责任担当。按照系统建设、整体建设要求，将红色教育、考核评价、组织设置、功能创新等党建逻辑与城市规划、城市治理、城市建设等发展逻辑相融合。把推进党的建设和共建共治共享的基层治理作为城市新时代发展的重要路径，不断强化城市党组织、党员干部的政治意识，优化干事创业环境，强化党风廉政建设。引导全体城市党员干部群众与党中央保持高度一致，旗帜鲜明地与干扰和破坏城市社会稳定的行为做斗争。从根本上实现了“人民城市人民建，人民城市为人民”的根本价值旨归。在城市社区党组织凝聚力战斗力提升的过程中，同时也将推动城市改革与发展、基层治理、民生改善、社会和谐建设水平。

将基层扩能作为党建工作轴心，增强党建联动效应。习近平总书记多次强调：“一流城市要有一流治理。”城市在快速发展，城市治理难度也日益加大。城市基层治理是一项系统工程，涉及领域多、涵盖范围广，街道社区和单位、行业、新兴领域等党组织“鸡犬之声相闻、老死不相往来”。这是影响治理效能的瓶颈问题，导致面对发展问题和治理难题总是“单兵突进”“推诿扯皮”，而不能“协同共进”。作为常住人口上千万的超大城市，城市治理难免积累不少“看得见、管不着”的问题。难点在基层，痛点在群众身边。广州市构建“令行禁止、有呼必应”基层党建引领基层共建共治共享社会治理格局，把加强基层党的建设、提升治理水平作为贯穿基层建设强基层打基础的一条主线。以城市发展为坐标，从解决人民群众生产生活揪心事、烦心事，提升民众便利化入手，坚持协调协同，调动各方面的积极性、主动性、创造性，集聚促进城市发展正能量。推动政府、社会、市民等各种社会主体同心同向行动，鼓励通过各种方式参与城市建设和管理，打造既要有政治高度也要有人情温度的城市基层党建。通过“呼应”机制推动向镇街赋权强能增效，成为统筹区域治理、有效联结各方、协调指挥有力的坚强“轴心”。改变了以往由职能部门考核街道的单向考核机制，建立街道与职能部门联动的综合评价机制。将部门响应情况纳入正负面清单信息运用，作为干部考核重要依据，提高了部门“响应”的主动性和担当感。充分发挥统筹协调功能，让“呼应”有职、有权、有依据，使镇街“底气”更足、“腰板”更硬，带动了市、区、街道、社区党组织四级联动，推进了街道社区党建、单位党建、行业党建的互联互动。将“一门式、一网式”政务服务系统和“有呼必应”综合指挥平台延伸到基层，推动基层公共服务事项进驻村社办理。真正实现城市共治共管、共建共享，形成了新时代广州深入推进社会治理体系和治理能力现代化的崭新局面。

将基层党建融入群众美好生活，增强党建阵地效应。习近平总书记指出：“人民城市人民建，人民城市为人民。在城市建设中，一定要贯彻以人民为中心的发展思想。”城市的核心是人，提升人民群众的获得感、幸福感、安全感，是城市基层治理的目标，也是检验基层党建工作成效的“试金石”。然而，城市基层党建条块分割、各自为战的问题导致服务阵地缺失、服务资源分散、群众需求得不到满足，最终导致党群关系的不紧密。要有效破解这些问题，必须要让各级党组织的工作逻辑回归到党群鱼水情的增进上。围绕城市居民衣食住行等问题，推动适应广大群众生活实际的城市基层党建思路再造、组织体系再造、组织机构再造，解决党建引领和服务群众“两张皮”的问题。将城市基层党建真正融入老百姓的美好生活，成为群众生活的一部分，建立党的建设与群众美好生活的必然联系。广州市委从提出构建“令行禁止、有呼必应”基层党建工作格局到提出“令行禁止、有呼必应”基层党建引领基层共建共治共享社会治理格局，反映出的内在逻辑就是一种城市基层党建的思路革新和理念革新。坚持务实功求实效的城市党建基本导向，把党建工作、服务群众、市容环境、营商环境、综合执法、安全稳定等一并纳入网格管理，做到需求在网格发现、资源在网格整合、问题在网格解决，提高服务党员、服务群众的精准化、精细化水平。大胆削“繁”、治“拖”、破“堵”，大力改革审批和服务事项，推动公共服务“一次办好”，打响“花城好办事”“来了就办、一次搞掂”“上门办”等改革品牌。以敢闯难关、敢啃“硬骨头”的精神状态，以实际行动增强群众的获得感，形成群众广泛认可的改革成果。例如，南沙区全力推进全域行政执法“大综合”，着力构建“一支队伍管到底”执法新模式，有效破解基层执法“看得见的管不着、管得着的看不见”困局。“一支队伍管到底”执法新模式新理念从区域走向全市。再如，全市建成区、镇街、村居三级党群服务中心，打造了智能化“令行禁止、有呼必应”平台。为了让老百姓实实在在地感受到党组织的关怀和享受到便利的服务，《广州市国土空间总体规划（2018—2035年）》提出，到2035年全市主城区、南沙副中心和外围城区实现卫生、教育、文化、体育、养老等社区公共服务设施15分钟步行可达覆盖率90%。“令行禁止、有呼必应”有效撬动了各类社会资源，推动解决了一大批民生实事难题，使党组织成为群众心中的“阵地”和“堡垒”。

（二）加强党建引领网格化精细管理

一直以来，广州市委高度重视加强党的组织体系建设，着力建强市、区、镇（街）、村（社区）四级“动力主轴”。同时大力推进两新组织、商圈、园区党组织建设，有效扩大了党的组织和工作覆盖。但在量大面广的网格、小区、楼栋、物业等与市民群众联系最紧密的“最后一米”，仍存在难覆盖等突出问题。针对这些问题，广州市采取“一方隶属、双重管理”方式，推动党组织全覆盖建在全市20849个综合网格上，并在综合网格下结合服务半径、居民情况、党员人数等，建立楼栋（单元）党小组，划分党员责任区，全面构建起“街（镇）党（工）委—社区（村）党组织—综合网格党支部—网格党小组—党员责任区”五级基层组织架构。同时推进业主委员会、物业服务企业建立党组织。坚定不移把织密织牢上下贯通、执行有力的组织体系落实到“最后一米”，将党的组织根系牢牢扎在群众家门口，确保党的声音第一时间入网入格入户，基层困难问题第一时间向上反馈、第一时间得到有效处置。据统计，全市已组建综合网格党支部19342个（单独组建18887个，联合组建455个），覆盖网格20423个（占网格总数的97.96%），实现网格党组织全覆盖。[①]

构建“党建领航　双网融合”基层治理智慧模式。番禺区紧紧围绕条块融合、区域共建、党群共融，不断深化拓展加强党对基层治理工作全面领导的维度，推动党的政治优势和组织优势转化为基层治理优势，引领传统管理向现代化治理转变。

一是构筑“双网融合”框架体系。建立紧密协作的部门融合制度。高规格成立区党建工作领导小组、区构建“令行禁止、有呼必应”基层党建工作格局领导小组、区城市运行指挥领导小组等议事协调机构。区委或区政府主要领导亲自指挥、亲自督办，推动部门与镇街无缝对接、协同作战。设立区城市运行指挥中心，统筹指挥调度全区城市运行和突发事件应急指挥工作，实现常态和应急管理无缝衔接，成立区政务服务中心“大党委”，推进基层党组织建设与政务服务深度融合，提升营商环境和社会服务水平。建立区域共建的联席会议制度。建立区、镇街、社区三级党建联席会议制度，牵头组织167个单位（含77个中央、省、市驻区单位）每年召开番禺区城市基层党建工作联席会议，印发实施资源清单、需求清单91条，推行党建共建活动轮值制，以党建为纽带，从制度层面打破行政层级

① 《广东持续提升基层抓党建、抓治理、抓服务能力 将矛盾化解在基层将和谐创建在基层》，《南方都市报》2021年12月7日。

藩篱。同步建立区、镇街、社区“大党（工）委”兼职委员制度，择优吸纳202名兼职委员参与区域内重大事项的决策、实施、监督过程，最大限度聚合区域治理的合力。广州南站地区“大党委”、石壁街党建联席会议将南站地区环境综合整治列为头号区域共建项目，集中执法资源力量，重点打击“拉客仔”、五类车横行等违法乱序行为，优化交通组织，提升治理水平。建立灵活多元的功能型党组织体系。按照“利于管理、便于活动、发挥作用”的原则，建立群体性、行业性、区域性的功能型党组织，拓宽各类型党组织作用发挥路径。成立103个流动党员党组织，推动其积极参与党组织生活，引领来穗人员参与社会治理。培养一批“金雁之星”“来穗人员先进模范”。建立非公经济组织、社会组织、互联网、寄递物流、物业服务等5个行业党委，推动两新组织发挥行业优势。建立小区（网格）党群共融管理模式。深化“支部建在网格上”，按照“一网格一支部”，对应全区2019个社会治理网格全覆盖建立网格党支部，把在册、在职、流动党员编入网格，做实做强网格党支部，推动资源在网格聚集、问题在网格解决。实施党建引领小区治理“360”模式，纵向建立社区、小区、楼宇3级党组织和横向贯通小区、业委会、物业企业（项目）3方党组织网络，推动组织共融、骨干共育、阵地共建、物业共管、议事共商和多元共治6项机制，实现服务群众零距离。建立“五社联动”服务创新机制。串联居（村）委会、社会组织、社会工作者、社区企业、社区基金“五社”力量，建立区社会组织联合会、16个镇街社区社会组织联合会、275个村（居）“五社联动”工作委员会，实现“五社联动”服务平台全覆盖。联动政、社、企多方力量，建立共建城乡协商、治理资源共享、多元矛盾化解机制，推动社区治理从“被动组织模式”向“主动活跃模式”转变。构建社区基金“微创投”机制，通过“公益集市”等形式，解决社区居民的需求和难题，推动社区自治和善治。

二是畅通“双网融合”管服呼应。实施“四级联动、接诉即办”机制。建立全流程闭环管理机制，按照“区分责任、归口处理”原则，实行“采办分离”，实现“四级联动、接诉即办”。拓宽问题采集渠道，通过

12345热线、网格员巡查、村居、扫描二维码等途径广泛收集问题。优化入格事项，将429项网格入格事项简化为5大类30项具体任务，破除网格任务过多、主责不专困局。建立共性问题整治联动机制。对共性问题进行综合分析及提炼总结，形成同类问题处理的指引和流程，建立健全常态长效机制，实现从解决一个问题到解决一类问题的转变。针对各项专项基层治理工作，建立偷排废水问题整治、农村环境整治“环卫督察”行动、“路长制”巡查工作、交通拥堵专项治理工作等一系列机制，有效提升专项治理的效能。建立综合考核评价机制。健全区城市运行指挥中心评价镇街、镇街评价职能部门和网格员、网格员评价问题办理的考核评价体系。同时在机关绩效考核中创新设置“镇街评价机关‘令行禁止、有呼必应’”考核指标。构建自下而上的履职考核评议机制，强化考核结果运用，构建管理无缝隙、责任全覆盖的社会治理工作格局。增强“双网融合”服务实效。番禺区注重在一线锤炼党员干部攻坚克难、务实为民作风，凝聚基层4支队伍力量，直面基层、直面群众，做到“有呼必应”。“一支队伍”管执法。结合区和镇街机构改革，将区城管和综合执法局派出机构实行属地管理。整合镇街执法队伍，设立副处级综合行政执法办公室，实现编制资源向基层倾斜，推动执法重心下移，依法实施综合行政执法、应急管理、综合指挥调度平台运行等职责，推动“一支队伍”管执法，切实提升基层治理能力。党员突击队抓攻坚。推动161个机关单位、3.2万名在职党员回镇街、村（社区）报到服务，组建275支党员突击队。建立党员干部联系服务群众工作机制，形成“村（社区）—网格—楼栋—党员户—群众”的五级党建服务链条，推行“点单式”“组团式”“主题式”的“三服务”模式，鼓励引导单位党组织和广大党员广泛参与城市治理工作。组建疫情防控“尖刀班”，集结1200余名机关干部全脱产奔赴疫情防控和复工复产一线。组织16个镇街举办“党旗飘扬、党徽闪亮”共建文明城市系列服务活动。2020年以来，党员参与服务活动逾12.4万人次。党群先锋队联防联治。全覆盖成立党群先锋队，成立垃圾分类志愿督导、巡河护河、义务巡逻、纠纷调解、护学等基层治理小分队。通过亮明共产党员户、设立党员服务岗、入户走访、站岗督导、召开协调会议等方式，为群众纾困解难。参与镇街、村（社区）建设和发展，形成村（社区）党组织引领下的多元参与和协商共治。服务队暖民心。依托网格员走街串巷、直面群众的优势，聚焦“群众需求”，精细化开展宣传、帮扶、志愿等服务工作，推动“令行禁止、有呼必应”理念走进千家万户。如开展交通、创文、疫情防控等宣传活动或针对孤寡老人、居家隔离者等及时的帮扶活动。

三是注入“双网融合”创新动力。番禺区全覆盖完成三级平台实体化建设，形成智慧党建、网格化、政务服务等9大主题，运用科技手段驱动实现“七个一”基层治理智能模式，让城市管理更加科学化、智能化、精细化。“一终端”处置网格事件。2343名网格员手持移动终端开展网格巡查，通过“番禺网格通App”实时进行信息上报、收集、登记、反馈，推动实现快速反应、处置高效。2020年，全区上报问题586996宗，已办结586769宗，办结率达99.96%，其中99%在镇街一级及以下处置，实现“小问题不出网格、大问题不出村（社区）、复杂问题不出镇街”。“一网络”监管餐厨垃圾。打造餐厨垃圾“智慧监管网络平台”，在村、小区的垃圾分类投放点、收集点、运输车辆、处理站等安装监控视频，实时监控餐厨垃圾分、收、运、处，实现收运“一网统”。运用大数据分析比对收运量、精准度、减量率等指标，及时抓取“垃圾拒收”等异常信息，推动监督“一网查”。开展“四级三星”评定，将一个月内连续多次不达标单位作为重点执法对象，落实评定“一网考”。“一枢纽”助力综合治理。融合“综治中心+网格化+信息化”，以“雪亮工程”为载体，将1.2万个基层治安监控视频接入市视频云平台，在镇街综治中心接入综治视频应用平台、综治视联网、省综治信息系统等，为基层平安建设工作提供基本依托和实战平台，实现全域覆盖、全网共享、全时可用、全程可控。发挥区、镇街、村居三级综治中心枢纽平台联动作用，建立协作配合、快捷高效、便民利民的纠纷多元化解工作机制，努力将矛盾化解在基层。“一屏幕”调度城市运行。整合分散在不同部门的监控视频13000个，其中人脸识别系统1917套，实时监测全区交通拥堵信息、乱占道经营乱摆卖等“六乱”

问题、泥头车清运过程、救护车的行驶路线和全区救护车的实时状态等信息，可实现预警信息发布及现场实时音视频信息回传平台等功能。“一张网”辅助科学决策。对接市数字化城市管理信息系统、省三防信息建设应急保障系统、市12345政府服务热线系统，对接省市工商、税务、工程等领域180多个专题数据表，高清视频会议系统贯通全区16个镇街和42个部门，整合16个业务系统基础数据，实现与各部门互联互通，突发事件预警信息“一键式”权威发布，构建区城市运行/应急指挥决策辅助系统，使指令准确快速传达，领导指挥决策到位。“一朵云”创新智慧查违。运用“无人机+智慧云”等技术手段，实现违建监察预警、查违事件数据AI分析对比，自动识别违法用地、楼顶加建、私人建房等对象，形成事件自动发现、信息实时推送、线下及时处理、过程全程监控的查违闭环管理治理体系。如石碁镇布设无人机监控点176个，对镇内重点区域地毯式航拍，通过AI智能识别分析智慧查违，治违震慑作用初步显现。“一体化”构建政务服务。成立区政务服务中心“大党委”，推进“以移动办理为主，自助办理为辅，窗口办理为补”的政务服务改革，打造一体化政务服务体系，在全国率先实现15分钟智慧政务服务圈和创新推出5G+VR“政务晓屋”新型智慧政务模式，提供24小时“不打烊”自助政务服务，大力推进事项联办和跨城通办业务，荣获全国最具创新力政务服务大厅称号。番禺区“党建领航、双网融合”基层治理智慧模式，是一条党建引领基层治理融合共治的新路子，确保各级党组织在基层治理中始终发挥总揽全局、协调各方作用，有利于破解基层治理的“沉疴顽疾”，打通联系服务群众、回应民生诉求的“最后一米”，实现基层治理“质的飞跃”。

（三）加强党群服务中心阵地建设

广州市把党群服务中心作为推进全域党建的重要纽带。立足“大党建+大资源”思维，坚持“全域提升、整体建强”的工作目标，深入实施党群服务阵地提档升级行动，充分整合各领域党建资源优势，把各种为民服务送到群众“家门口”。全面建成镇（街）、村（社区）党群服务中心，基本形成“城市15分钟党群服务圈”。按照“人多的地方要有党员，有党员的地方要有党组织，有党组织的地方就要有党群服务阵地”要求，将党群服务阵地延伸到北京路、二沙岛碧道、花城广场、正佳广场、上下九步行街、宝墨园等全市20多个人员密集的地方。加快构建珠江新城CBD（中央商务区）片区“两塔一平台”党群服务阵地体系。不断推动党建阵地高质量地建在服务群众最前沿，使党群服务阵地成为党领导基层治理的坚强阵地和服务党员群众的温馨家园。

打造“一核四圈”党群服务阵地体系。荔湾区突出党群服务阵地的政治功能、教育功能和服务功能，通过党建引领这个核心，全面构建以“党群服务—政务服务—民生服务—便民服务”为矩阵的“区—街—社区（经济联社）—驿站”四级党群服务阵地体系，进一步将党群服务触角延伸到“最后一米”。全区236个党群服务阵地全面覆盖街道、社区（经济联社）、旅游景区和相关人流密集场所，真正把党群服务阵地打造成为党员教育、服务民生、引领发展的“红色主阵地”。一是构建区级“党群服务圈”。出台《关于进一步推进全区四级党群服务阵地标准化规范化建设和管理使用的实施意见》，率先在全市打造首个区级党群服务中心，构建党群服务阵地标杆。创新布展形式，以文字、图片和视频等传统方式结合虚拟现实新技术，展示红色荔湾、多彩荔湾，让党员群众在参观学习过程中得到思想洗礼和文化涵养。坚持把党员党性教育和政治能力提升作为工作重点，采取“1+N”服务模式，即区党群服务中心联合单位党组织共同承办各项服务活动，有效提升党建工作的引领效应和辐射效应。实施“供给侧提升行动”，常态化提供“四式党课”服务，完善政治生日会、红色故事会和微心愿认领等“点单式”服务内容。开展“需求侧响应行动”，结合党组织和党员群众需要定期举办非遗传承讲座、名师名医名匠服务等系列DIY特色服务，不断丰富“品牌内涵”。自成立以来，区党群服务中心共举办专题活动524场，超过1000个党组织到中心开展党建活动，服务党员群众10万余人次。二是统筹综合服务资源，构建街道“政务服务圈”。

优化街道党群服务中心综合服务功能，打破党群与行政部门之间的界限，将政务服务综合窗口直接进驻街道党群服务中心，集中办理劳动就业保障、来穗人员管理、社会福利等政务服务事项。有效推动党务、政务、服务“三务融合”，解决了企业和群众办事“分头跑”的困扰，有效贯通党员群众开展学习、办事的主渠道。坚持“多室合一，一室多能”，推进新时代文明实践中心、“两代表一委员”工作室、街道党校与街道党群服务中心一体融合。广泛开展基层党组织书记和党员培训，深入开展党史学习教育宣讲，全区22个街道党群服务中心2020年以来累计开展“头雁”和党员培训（宣讲）172场，覆盖34642名党员。逢源、岭南街道党群服务中心于2019年成功入选广州市镇街党群服务中心十大优秀案例。三是架设党群民心桥梁，构建社区“民生服务圈”。落实标准化阵地建设有关要求，以“四室二厅”（党员活动室、办公室、会议室、图书室、居民议事厅、党群服务厅）作为社区（经济联社）党群服务中心的标准配置。坚持以服务党员群众、解决民生问题为落脚点，将残障人士、长者、青少年、母婴、婚姻家庭等专业服务阵地和团队纳入党群服务中心范畴，提供党建、宣传、民政、社保、医疗、教育、消防、住房保障、法律援助、社区矫正等与群众生活息息相关的服务内容，实现资源共享。金花街道蟠虬社区把民情议事会建在社区党群服务中心，积极组织街道“两代表一委员”、法律顾问、社区党员和热心群众共商共议社区微改造和旧楼宇加装电梯项目，推动86台电梯成功加装使用，提升了居民群众幸福感和获得感。荔湾区已全面建成212个社区（经济联社）党群服务中心，覆盖所有的社区和经济联社。社区（经济联社）党群服务中心已成为广大党员群众想来、爱来、盼来、还来的综合党务居务服务场所。四是延伸便民惠民触角，构建驿站“便民服务圈”。坚持“传统+时尚”融合、“功能+实用”统一，先后在永庆坊、上下九、沙面、悦汇城和广东东西部协作交易中心等人流密集场所打造全市首批党群服务驿站。制定驿站日常管理和值班坐班制度，把驿站作为各属地街道组织开展“双报到”服务的重要站点。整合党性教育、政策宣传、便民服务等功能，为广大游客和消费者常态化提供无线网络、直饮水、急救包等18项便民服务，真正让“小”驿站架起党群连心桥，用“微”服务凝聚便民大力量。比如自新冠肺炎疫苗接种工作启动以来，为做好大规模人群疫苗接种工作，上下九党群服务驿站切实承担起大型疫苗接种点的艰巨任务，累计完成接种疫苗近3万支，筑起疫情防控的坚实防线。此外，越秀区按照广州市基层党建三年行动计划关于“增强基层党建整体性系统性”的工作部署，大力推动“城市15分钟党群服务圈”向人员密集的城市公共空间延伸，推动党群服务阵地从“街头巷尾”走向“城市客厅”。在北京路、沿江路、二沙岛陆续建成北京路党群服务驿站、沿江东党群服务驿站（党史长廊、科普长廊）、二沙岛省中医院党群服务驿站、二沙岛体育公园党群服务驿站、二沙岛传祺公园党群服务驿站等一批城市公共空间党群服务阵地。让党的声音、党的形象、党的服务进一步走向市民群众，贴近市民群众。①

构建“全芯共享”党群服务综合体。黄埔区通过微改造和软升级，对多处节点进行文化赋能、精神赋能，致力于打造党建引领、营造共建共治共享社会治理格局的全“芯”家园。将党群服务中心、政务服务中心、行政服务中心、新时代文明实践中心、群众休闲中心、广州科学城会议中心等多个中心功能服务融为一体，构建“全芯共享”党群服务综合体，为基层党群服务提供最大最全便利。“全芯共享”党群服务综合体占地面积约30万平方米，是广州市面积最大的集政务、生态、文化为一体的党群服务中心。“全芯共享”党群服务综合体整体布局形似“红船”。“红船”自西向东而行，首起黄埔区政务服务中心，尾至黄埔区创业公园，“船头”“船帆”“甲板”“船尾”依次对应四大改造工程项目，即黄埔区政务服务中心党建升级工程、铁军精神公园党建升级工程、为民公园党建升级工程、创业公园党建升级工程，分别体现“三心合一”“精神引领”“以民为先”“时代力量”四大主题。黄埔区政务服务中心升级改造成区级党群服务中心、区级政务服务中心、区级新时代文明实践中心“三

① 《越秀构建“网格联通、条块联动”五级响应体系》，《南方日报》2022年6月30日。

心合一”的立体性综合服务平台，以党建为引领，以“我为群众办实事”为主题，全方位、多层次地聚资源、聚服务、聚民心。设置党员先锋岗、雷锋志愿岗、巾帼文明岗等，发挥模范带头作用，让党的旗帜在为民服务最前线高高飘扬。坚守“为人民服务”的初心，持续推出网上办、指尖办、街道就近办、长者办证“快速通道”等便民举措，每年为约130万人次提供政务服务。12345便民服务热线为民排忧解难，每年约为公众解决16万起诉求。秉承“一切为了企业、一切为了投资者”的服务理念，打造杰出人才专区、企业开办专区、企业筹建专区等，为黄埔“引才、引智、引资” 提供一流的服务支撑。推出了“一网通办，一窗通取”“跨境通3.0”“免申即享”“12345审批体系”“工业快批十条”“智能秒批”“智政务+新邮政”“行政审批全流程阳光查”等策源性创新举措，创建一流的市场化、法治化、国际化营商环境。附楼打造“香雪学习社”，集思想教育、文化交流与便民服务功能于一体，以党建引领新时代文明实践、党群服务、政务服务融合发展，配备众多智能化、体感式的高科技设施设备，设置导览咨询台、共享办公室、书香加油站、文明直播间、志愿服务点等功能区块，为群众提供舒适、便捷、休闲的公共文化空间。

（四）强化城市社区党建联建

广州市积极贯彻落实习近平总书记在营造共建共治共享社会治理格局上走在全国前列的重要指示精神，打造具有广州特色的“党委领导+政府主导+企业服务+业主参与+科技助力”的物业小区治理模式。一方面，推动在职党员回居住地服务；另一方面，一些物业小区公共事务缺乏牵头组织者。而物业小区党支部作为载体，将这两者很好地结合起来，规范物业公司行为、推动成立物业管理委员会和小区党组织、推行业主微信投票，不断增强人民群众的获得感、幸福感、安全感。截至2022年5月，广州市全市共成立了3400多个物业小区党组织，主要由物业小区里面的党员业主组成。实行专业物业服务的住宅小区基本实现了“能建应建”。广州成立物业小区党组织的比例位列全省第一、全国前列。物业小区党组织在协助政府开展疫情防控、垃圾分类等工作以及服务业主群众、调解矛盾纠纷、维护小区和谐、建设文明美好家园等方面正逐步发挥积极作用。通过组织群众、团结群众、服务群众，正逐步形成凝聚力、组织力、执行力。在物业小区党组织的带领下，雅景花园、百合苑、福宁园等小区一揽子解决停车难、设施老旧、配套不完善、环境卫生脏乱差、下水管道堵塞、违法建设拆除等问题。骏文雅苑结合业主需求引进幼儿园。岭南新世界家园成立了心灵驿站，为业主免费提供心理咨询。奥林匹克花园成功修复脱落外墙、消除高层塔楼钢结构安全隐患。在物业服务行业党委指导下，全市共成立了300多个物业公司党组织。520家物业公司签署了诚信服务承诺书，围绕规范物业服务、做好疫情防控工作、提高业主满意度等开展工作，让党建成效体现在日常的管理服务当中。

保利物业党委致力于打造“星火社区”，出台《关于开展“保利星火社区”创建工作的方案》，提出“4P星火党建模式”，探索党建引领下的社会治理新模式。“4P星火党建模式”，是围绕一面红色旗帜（党建引领、红色引擎）、组织阵地（共建平台、多方队伍搭建）、宣传阵地（红色场所和多元文化活动场所）、服务阵地（多元服务场景）等维度，全面落位星火社区建设，协助政府解决基层社区治理难题，为广大居民提供更为优质的服务，搭建党建引领下“一核多元”治理格局。广州支部先试先行，在紫林香苑社区探索一条有广州支部特色的4P星火党建路径。公司党委2019年开始启动星火社区建设，打造“红色物业”，探索建立党建引领，政府、物业、自治组织“三位一体”社区治理新模式。签订共建协议，建立三方联动机制，搭建联系政府、业主、物业三方“民主协商议事”的桥梁。公司党支部牵头，与物业服务中心所在地的街道办党组织签订共联共建协议。以协议明晰权责，推进三方联动机制，定期开展党建活动，结合政府工作要求和业主反映强烈的问题，联合多方力量，合力解决社区难题。通过与街道、社区、业主等各方的组织联动、资源联用和服务联办，形成了党建引领下，社区、物业、自治组织（包括业委会、业主、城管、消防等）共同参与的“一核多元”基层治理模式，实现了基层社区治理“大事共议、实事共做、难事共解”。再如，天河区环宇社区党委不断探索构建“令行禁止、有呼必应”党建引领基层共建共治共享社会治理格局，通过坚持党建引领、搭建两个平台、用好三支队伍、健全四项机制的“1234”工作法，推动社区各类资源整合。奋力谱写“党建引领、环境共治、平安共创、文化共兴、文明共建、家园共守、幸福共享”的军民共建幸福和谐社区新篇章。利用辖区6个部队单位生活区党员数量多、居民政治觉悟高、社区服务意愿强的优势，在街道党工委的指导下，建立6个部队经济适用房生活小区业委会党支部，切实增强业委会的政治意识、大局意识和法律意识。推动党建引领物业服务共建，保障网格和业委会党支部的组织生活正常化，学习教育常态化。推动建立“红色物业”小区议事机制，每周一召开党建联席会议，每周五联合开展网格化服务日活动。积极收集各类问题建议，切实督促物业公司解决好疫情防控、垃圾分类、地铁施工影响等民生实事。依托社区居民议事厅，发挥部队资源优势协助解决群众问题，完善居民自治章程、居民公约，协助居民建立民主恳谈、议事、听证、咨询、评议等制度，规范基层民主协商程序。重大事项实行“居民代表提议—两委审议—居民大会决议”流程，保障居民的决策权利。围绕居民高度关注的出行、就业、医疗、教育、养老等重点领域，通过网格化服务、上门走访慰问、召开座谈会，以及征求人大代表、政协委员意见等途径，组织开展年度“十件民生”实事社会公众意见征选，广泛听民声、收民意、惠民利。实行候选事项初步筛选及必要性、可行性专业论证两轮遴选，并按程序提请相关会议投票表决，保障票选事项充分体现民意、切实可行。确立项目建设时间节点，细化民生实事项目任务，分列落实兑现督导清单，层层压实责任，做到事事有人抓、样样抓落实。通过一张张选票真正变“为民作主”为“由民作主”，将“民生实事”的决定权放权于“民”，让“民生实事”项目决策和实施更科学化、民主化。同时，发挥人大代表监督作用，拿出务实管用的工作举措，立行立办、善作善成，推动“民生实事”落地见效，让居民看到变化、得到实惠。

（五）广泛开展“双报到”工作和党员下沉社区工作

社区是城市的最基层，其组织体系、工作面貌最能体现一个城市的发展状态和治理水平。自2019年6月以来，广州市坚持党建引领，聚焦群众需求，接续部署开展在职党员和单位党组织“双报到”并开展服务工作。积极探索建立“党建+志愿服务”长效工作机制，让“党建”与“志愿服务”的优势叠加，推动社会治理和服务重心向基层下移，把更多资源下沉到基层，提供精准化、精细化服务。不断探索夯实社会治理基层基础，提升国际化大都市治理效能的新路子。2020年6月23日，广州市委组织部印发《关于全市各单位党组织向属地镇（街）报到并开展服务工作的通知》，组织全市各单位党组织向属地镇（街）报到并开展服务，促进各领域党建融合发展，夯实社会治理基层基础。通过制定单位党组织回镇（街）报到制度，将驻地单位动员进基层治理体系，在一定程度上打破了体制内和体制外资源的区别与隔阂，实现了社会资源的有效整合。截至2021年4月底，累计已完成报到的党组织7257个、已报到的党员190372名，累计新增群众微心愿2071个。截至2022年4月，市、区两级共有15.5万名党员干部职工下沉到社区支援疫情防控，为服务全市疫情防控大局提供了组织保障。在认真总结以往疫情防控经验教训的基础上，广州市委组织部按照“资源互补、力量均衡，统筹兼顾、适度倾斜”原则，将全市86个市直部门、28家市管企业共114个单位与11个市辖区分别“结对子”。

广州市大力推动党组织和在职党员“双报到”，推进机关企事业单位党组织、在职党员到街道社区报到并开展服务常态化。自2018年推行第一轮《广州市加强党的基层组织建设三年行动计划（2018—2020年）》以来，全市逾3000个驻区单位党组织到街道报到，27万多名在职党员回社区报到。全国、省、市、区、镇五级党代表到村（社区）党代表工作室（站）履职。成立党员服务队1925支，为群众办实事24万余件。同时，全面开展“四个一”活动，即共同开展一次主题党日活动、一次党课、一次组织生活会、一次帮扶慰问。把街道社区、驻区单位、城市新兴领域党建融合起来，打破不同类型党组织之间各自为政的壁垒，实现党建工作融合，推动党建资源共享、平台共建、工作共抓，构建“大党建”工作格局。一是完善组织管理机制。建立“党建+志愿服务”长效工作机制，从顶层设计着手完善相应党员回社区报到组织管理机制，提升其对于组织团队管理能力。推动党员回社区报到成立专门队伍，设置队伍组织架构、队伍兼职负责人员（由志愿服务经验丰富、乐于奉献和付出的社区在职党员担任）。在社区党员志愿者管理机制、管理方式等方面创新，因地制宜地加强社区在职党员志愿服务队伍建设，协同社区社会组织共同开展好社区志愿服务项目。促进社区工作形成常态化、稳定化队伍建设与管理机制，不断提升党员开展社区志愿服务水平。二是强化社会动员机制。社区工作者应多挖掘、整合社区志愿服务资源，联动周边附近资源，了解附近有哪些行业单位、高校、社会组织等组织的在职党员，与一些支持型、枢纽型、服务型志愿组织形成合作联盟，根据专业特长将党员编入不同的社区志愿服务组织。同时以项目化为依托实现党员的专业分享与党员志愿服务的组织化行动空间，强化包干对应任务，自己认领任务，互相合作共赢。在开展志愿服务过程中强化党建引领、亮出党员身份。在社区党组织指导下开展社区志愿服务工作，让“党员服务岗”“党员先锋岗”等标识高高飘扬在社区阵地上，着眼于为群众做好事、办实事、解难事，彰显广州特色党员社区服务。三是建立有效激励机制。创新在职党员回社区报到开展志愿服务的激励机制。由于绝大多数社区党员都是利用非工作时间参与志愿服务，需要以合理的、符合期待的方式及有保障的方式回馈他们的付出。进一步加强对在职党员回社区开展服务的激励机制，安排专人对社区党员服务时间进行记录，出具服务时数证明，对长期坚持志愿服务的优秀社区党员志愿者进行表彰等，把好榜样借助相关媒体平台进行滚动式传播，将优秀品质与学习榜样进一步传扬。四是强化有效供需平台及机制。基于在职党员庞大的队伍，由社区和党员所在单位共同搭建志愿者和服务对象精准对接平台。进一步完善“穗好办”现有平台，依托居委会、社会组织等机构，及时准确采集居民的个性化服务需求，精准掌握志愿服务需求方的信息，形成“互联网+志愿服务”项目创新管理。让社区党组织更了解党员，党员更清楚社区服务内容。让“党建+志愿服务”更清晰、更方便、更有条理，精准滴灌式服务对接需求。政府部门搭建统一的社区党员服务宣传平台，采取微信、网站等形式对社区党员开展的志愿服务活动进行宣传报道，更好地培育和发展广州党员成为新时代“志愿工匠”，推动新时代党员志愿服务制度化与专业化的发展。五是建立分类培训机制。招募符合资质的志愿者，对他们进行相关专业知识的普及和技能的培训，尤其是在应急救援方面的培训。可以建立“党建+应急救援”方面的党员专业应急救援志愿服务队伍，打造政治素养高、专业能力强、人岗适配的社区在职党员服务人才队伍。将关注的重点从增加党员志愿者数量向提升志愿服务质量转变，摒弃粗放式服务内容和形式。打造高质量社区在职党员服务队伍，创新推动社区志愿服务向专业化、精细化、品质化方向发展。

此外，黄埔区出台《广州市黄埔区广州开发区关于开展基层党组织和在职党员“双报到”工作方案》，组织全区75个机关企事业单位党组织及8377名在职党员与17个镇街134个村（社区）开展“点对点”共建、“零距离”服务，推动基层党组织和在职党员参与村（社区）建设常态化、制度化。建立各级党组织向属地街镇党（工）委报到制度和在职党员回村居党组织报到服务的“双报到”制度。推行“村（社区）党组织每月保证组织一次活动、每名党员保证年度至少参加四次活动”的“1+4”工作模式。促进党员主动参与结对共建单位的驻点直联活动，主动到对接村（社区）党组织报到服务，做到“报到明身份、服务做表率、参与有作为、共建出主意”。搭建服务供需互动平台，收集汇总在职党员职业特长和居民服务需求“双清单”，统筹安排党员针对性开展岗位服务、团队服务、主题服务、爱心服务的“黄埔先锋”行动。推动在职党员回到社区，融入居民，走进百姓家门，倾听百姓心声，办好百姓实事，让居民群众时刻感受到“党就在我们身边”。增城区开发“增城邻里”小程序，动员18141名在职党员回社区报到，推动304个区属单位党组织到属地镇街报到，在疫情防控、垃圾分类、污染防治、“创文”等重点工作中积极发挥作用。累计支援基层一线、参与社区服务达12万多人次，及时发出组织的声音，彰显党员的力量。[①]

（六）全面推行“红色引领、联动共建”工作机制

广州市全面推行“红色引领、联动共建”工作机制，采取“1+*X*+*N*”运行模式，以行业、产业、产权为纽带，推动关系互不隶属、层级高低不同、领域多元多样的各类企业开展党组织共建、阵地共享、活动共办、难题共解。全市各区以及国资、金融、卫健、教育、科技、工信、商务系统多家较大规模经济组织、商会协会与近2000家中小企业结对共建，实现以大带小、以先进带后进，推动城市基层党建质量整体提升。广州地铁集团推动成立广州市轨道交通产业联盟大党委、广州市轨道交通产业联盟党建基地，59家企业共签订34项国企民企党建共建协议。

创新构建非公企业党建“红联共建”工作机制。荔湾区坚持问题导向，在上级有关部门的指导下，把非公企业党建与经济社会发展大局紧密结合起来，创新构建非公企业党建“红联共建”工作机制。采用“六共模式”，实施“五大工程”，着力打造非公企业发展“红色引擎”，为破解非公企业党建难题探索出新方法、新路径，提出“荔湾方案”，以高质量党建实现非公企业高质量发展。一是健全“六共模式”运作机制。制定完善“红联共建”工作章程及轮值机制、结对机制、工作机制等“1+3”机制体系。发挥立白集团等8家红联牵头企业“管理体系成熟、党建基础较好、示范带动力强”的优势，推行组织共建、阵地共享、活动共办、党员共训、难题共解、合作共赢等六共模式。形成“红联共建”企业间党建互助、困难互帮、发展互促、资源互通、信息互联、优势互补的“六互”共建局面。实现31家重点企业“抱团发展”集群效应，有效帮助企业解决实际困难，推动非公企业党建落实落地。二是积极完善“五大工程”共建机

① 《增城全面构建“令行禁止、有呼必应”党建引领基层共建共治共享社会治理格局》，《潇湘晨报》2021年1月23日。

制。通过树立“红联共建+”融合共建理念，重点打造助推企业发展、培育红领精英、聚集优秀人才、铸造文化品牌、引领社会责任建设等五大工程，充分发挥党建引领作用，促进项目落实、企业发展，帮助企业做优做强做大。建立季度“轮值”机制，发挥红联牵头企业的特点与优势，确定“助推企业发展”“铸造文化品牌”等8大党建主题，帮助“红联共建”企业全面提升经营管理效率、党建组织效率、人才培养效率、品牌铸造效率、责任承载效率等“五效”建设，实现企业互联互通、互促互进。三是推进落实“1+N结对”工作机制。按照红联牵头企业组织2—3家成员企业开展结对共建的“1+N结对”工作机制。通过定期走访互动、召开牵头企业会议、举办企业发展论坛、开展服务企业日等活动，加强企业间的结对共建。举办“智库沙龙”活动，成立“红联共建智囊团”，采取“依题选人”模式，邀请相应专家进行面对面服务指导，为企业提供智力支撑。打造“一企一品”党建品牌，以小活动破解大难题，让企业真实感受到“红联共建”的影响力和辐射力，实现企业党建工作质量和经济发展水平整体提升。

打造“1+G+N”党建朋友圈。花都区围绕“红色引领、联动共建”，充分发挥党建引领作用，签订“红联共建”协议，实施“六共”模式，以“1+G+N”的模式用红色力量为花都区经济社会发展提供新动能。由1家机关（或事业单位）党组织和1家国有企业（或“五类企业”）党组织对应指导若干家两新组织（或村、社区）党组织进行结对共建。其中，“红”是指党建引领，“联”是指通过联合机关、事业单位、区属国企村（社区）、两新组织的党组织开展共建活动。围绕“红色引领、联动共建”，充分发挥党建引领作用，签订“红联共建”协议，实施“六共”模式，用红色力量为花都区经济社会发展提供新动能。一是聚力试点探索。由花都汽车城园区非公党委牵头，选取1家党建基础较好、规模较大优质非公企业，联系1家大型国有企业，汇聚N家关联非公企业组成1个“红联共建”小组。实行党组织共建、阵地共享、活动共办、党员共训、难题共解、合作共赢“六共”模式，开展“助推企业发展”“培育红领精英”“聚集优秀人才”“铸造文化品牌”“引领责任建设”“党建带群建”六项工程。

通过4个红联小组近一年的探索，党建引领下的“1+*G*+*N*”模式初见成效。扩大“5F”红友圈。花都汽车城逐步将“红联共建”机制向机关、事业单位、国企、村社、两新组织党组织“5F”红友圈延伸，持续打造党建链、产业链、生态链、文化链、治理链。先后与中小学开展“红联共建 双强车城”主题党建墙绘活动，改造“红联共建 五链共融”主题展厅，不断扩大“红联共建”机制影响力。党建引领下经济发展初见成效，高新技术企业占园区规模以上企业总数七成以上，13家企业研发中心被认定为省级工程技术研究中心。成立由省市区委党校、国企、民企、知名社会组织的专家组成的“红联共建”智囊团，为企业出谋划策，全程跟进指导。组织花都汽车城管委会、东风日产公司与深圳欣旺达集团以党建引领，首次开展大湾区跨市“红联共建”活动，双方签订党建合作协议，融合研发新能源汽车，开启党建引领产业转型升级的深度合作。二是发挥“红联共建”机制优势。积极应对疫情下的经济发展压力，做好创美金谷等互联网孵化器党支部组建工作，助推花都网络直播经济。协调中建四局一公司与关联民营企业开展“红联共建”活动，助力重大工程项目建设。组织机关、镇街、村社与省两新组织党建示范单位奥园集团开展党建共建活动，引领城市更新建设。加大机关、镇街与重点民企党建共建，2020年全年，184家非公企业获得“国家高新技术企业”认定，400多家企业成为“四上”企业。引领行业治理有呼必应。坚持升级“五链共融”模式，先后组建5个行业党委，辐射服务16万多家个体工商户小微企业及900多个市场、学校和医疗机构，涵盖70多个党组织。持续构建“令行禁止、有呼必应”的基层党建引领共建共治共享治理格局，把党的领导落实到一线。落实“红联共建育英才”工作机制，发挥民办教育行业党委作用，在17所民办中小学单建党组织，组建12个公办、民办学校联合党支部，覆盖26所民办学校，引领民办教育行稳致远。三是将“红联共建”纳入两新领域重点工作。参考花都汽车城试点经验，按照“1家重点企业党组织+1个机关、国企或事业单位党组织+联系*N*个非公企业党组织”的模式在全区范围推广。全区已新组建21个“红联共建”小组，逐步实现“党建强、发展强”。落实党员领导干部联系服务两新组织党组织机制，组织150名区“四套”班子党员领导、镇（街）党员领导干部和区委两新党工委班子成员，直接挂点联系服务250多家重点非公企业和社会组织党组织，督导落实“红联共建”机制。主动与广东省粤港澳大湾区战略研究院联系，筹划申请“红联共建”机制课题立项，积极融入“双区建设”“双城联动”。分批推进建设花都融创文旅文化、花山小镇特色文化、空港网络直播经济文化等地域特色的示范点，逐步打造花都特色的两新党建品牌。

（七）着力做实街道做优社区

社会治理，重心在基层，基础在街道社区，关键在党组织。广州市针对街道社区党组织“小马拉大车”、责权利不对等、工作推进难度大等突出问题，明晰街道社区职能定位，推动重心下移、权力下放、资源下沉，着力做实街道做优社区，使街道社区有更多时间去为群众服务，更好地聚人心、树形象、立威信。

全面推进街道管理体制改革。印发《深化街镇管理体制改革完善基层治理体系实施方案》，按照党政综合办公室的“6+1”模式，优化街镇机构设置和职能配置，建立权责清单和事务准入机制。通过“减上补下”、区内调剂、市级补充方式，从市直单位压缩事业编制充实街道。充分发挥镇（街）党（工）委统筹协调各方、领导基层治理的作用，推动镇（街）进一步聚焦抓党建、抓治理、抓服务的主责主业。2020年，广州市委印发《广州市贯彻落实中共广东省委深化乡镇街道体制改革完善基层治理的意见》，对该项工作进行全面部署。主要任务包括合理下放管理职权、统筹优化党政机构设置、健全协同高效运行机制、完善运行保障体系等5个方面。全市各区各乡镇街道推进体制机制改革工作，“三定”方案均已印发，全面推进职权下放工作。一是从“有责无权”到“权责一致”。广州市重点围绕镇街权责不对等、“职责大、权力小”等问题，牢牢把握服务改革发展要求，加大管理职权下放力度。一方面，对镇重点下放自然资源和规划建设、生态保护、市场监管、卫生健康、镇区和乡村治理等方面的区级经济社会管理权限。另一方面，赋予街道加强党的建设、统筹社区发展、实施公共管理、组织公共服务、维护公共安全等方面的区级经济社会管理权限。非中心城区街道参照镇赋予有关领域的区级经济社会管理权限，按照“实际需要、宜放则放”的原则，加大放权力度。把直接面向基层、量大面广、基层迫切需要、含金量高的行政许可、行政处罚、行政强制、公共服务等经济社会管理权限下放镇街，确保“基层权力给基层”，为基层高效履职提供有力保障。在“人”的问题上，结合下放管理权限，大力推动编制资源下沉。广州按照行政区域面积、常住人口数量、一般公共预算、地区生产总值、行政执法编制空编情况等指标，合理测算下达各镇街的行政执法专项编制数。同时，各区通过统筹调剂、“减上补下”，按照“编随事转”原则，有效加强镇街行政执法力量，为推进基层治理、提升治理效能提供了强力支撑。在赋权之外，全面厘清区政府及其职能部门与镇街的权责边界，制定镇街权责清单以及各个岗位的职责说明书，推动岗位标准化建设。区各相关部门对镇街工作的各项考核统一纳入区委、区政府考核，区各相关部门不再对镇街进行专项工作考核。二是从“九龙治水”到“协同作战”。深化镇街体制改革。广州市重点聚焦镇街机构设置不合理问题，突出加强党的领导和为民服务要求，统筹优化党政机构职能体系，着力构建简约高效的基层治理体制。广州将原来内设科室“向上对口”转变为“向下对应”，基层机构职能体系更趋优化协同高效。首先是“公共服务一体化”，设立公共服务办公室，负责公共服务、党群服务、政务服务等工作，让群众少跑腿，提供一站式办事服务。其次是“建立一支综合执法队”，设立综合行政执法办公室，整合城市管理执法、自然资源和规划建设、生态环保、市场监管、卫生健康、镇区和乡村治理等方面的行政执法职权。再次是“成立统一指挥调度工作平台”，加强党的全面领导，建立综合治理委员会、公共服务委员会等统一指挥协调的工作平台，统筹负责辖区综合治理、公共服务、综合行政执法重大事项。过去，职能相似的部门功能交叉，导致“九龙治水”，最终结果是“龙多不治水”。而现在经过整合统筹后，形成了“协同作战”的格局。广州统筹推进乡镇机构改革，既做到实行限额管理、强化综合设置，又体现因地制宜、兼顾本地特色。如越秀区、天河区等六区的镇街设置应急管理办公室，突出强化应急管理能力建设。海珠区、白云区等七区的街道设置城市管理办公室，注重提升城市管理精细化水平。白云区、南沙区及增城区部分环保任务较重的镇，设置生态环境保护办公室。增城石滩镇机构设置实现了3个“一”：公共服务一体化、建立一支综合执法队、成立统一指挥调度工作平台。位于从化北部的温泉镇，以文化旅游和美丽乡村为特色，通过职能合并后，结合旅游业发展和乡村振兴的需要，在事业单位设置上，新设立乡村振兴服务中心。三是从“看得见管不了”到“看见了马上管”。广州探索实施执法权下沉，经过法定程序后由镇街行使城市管理等有关领域的行政执法权，使乡镇和街道权力由薄变厚、由虚变实，让基层在“看见了”的同时，能够做到“马上管”。通过组建统一的综合行政执法机构，进一步优化基层执法力量配置，形成强大的执法合力，有力推动了基层工作。

大力推进社区减负增效。实施社区减负专项行动，专门印发《关于进一步为基层减负的若干措施》，制定厘清村（居）委会权责边界、减少基层填表报数等为基层减负8条改革措施。全面清理职能部门与镇（街）签订的责任状，出台《广州市村（居）民委员会协助政府工作准入事项管理办法》，梳理《广州市村（居）民委员会协助政府工作事项清单》，实行社区事务准入制，将全市社区协助事项35类175项缩减至15类76项。印发实施《关于开展村（社区）办公场所挂牌和上墙制度专项整治行动的通知》，集中整治牌子多、台账多等问题，引导全市社区党组织进一步聚焦主责主业，强化服务功能。广州市以越秀区为试点，通过事项梳理及标准化，打通信息系统实现数据共享，推行手机微信小程序、移动终端机等技术及应用。以“三零三减”（办事零跑动、服务零距离、沟通零障碍，减纠纷、减投诉、减留痕）为便民目标，努力推进街道政务服务“四少一快”（少填、少带、少跑、少报、快办），持续提升政务服务效能，被列为广东省基层减负便民试点区。一是在“减负”上做文章。通过“业务简化、可信身份认证、电子证照、数据共享、外循环变内循环、速递服务”等措施，优化业务流程、精简办事材料、压缩办理时限，让数据跑腿代替群众和基层干部跑腿，提升基层民生服务效能。例如以前办出生证只能去医院，不仅要排队还要拿很多资料。现在只要把身份证放到政务服务一体机，按照指引操作，1分钟不用就能办好，非常方便。居民群众可在线获取社保清单、无犯罪记录等电子证照。通过“粤省事”政务服务平台进行手机网上办理，实现办事服务由“居民跑”变“掌上办”。减少资料递交环节，促进居民群众“少带少填少报”。强化应用身份认证、电子证照、数据共享等技术手段，居民通过身份认证即可自动获取个人证照信息和个人情况信息。减少证明环节，促进居民群众“快办”。二是在“集成”上见成效。通过开发微信小程序集成服务事项，搭建“线上+线下”便民服务桥梁，整合各类社会资源助力沟通无障碍，优化基层民生服务供给。依托“粤省事”政务服务平台，在全区街道推广应用“越秀人家”微信小程序，下设18个街道微信小程序，推动业务系统分散的办证办事公共服务事项集成到“越秀人家”平台集中办理，实现“一平台”通办，促进“一站式办理”升级为“指尖办理”。居民可通过“越秀人家”进行党员报道、居民议事、志愿服务等。从“越秀人家”上线以来，各社区发布民生服务数1243条，参与服务人次2129人，业主认证人数11162人，议事发起条数503条，议事参与人次2411人，投票发起条数816条，投票参与人次2638人。通过“越秀人家”党员报到总数26539人，发布党员服务数1145条，党员服务人次5487人。三是在“智慧”上下功夫。通过自助终端打造不打烊的政务服务，引入5G、AI、4K等技术和应用，实现政务服务可视化、移动化、智能化，不断提升基层民生服务体验。越秀区配置了多台办事一体机，覆盖人社、民政、卫健、残联、税务等业务类别，上线以来办理业务量共计19652笔。例如港澳台签注就可在一体机上自助完成，无须通过公安办事大厅前台进行线下办理。越秀区持续探索智慧化社区服务治理模式，以旧南海县为试点，打造“多元赋能、减负便民”智慧社区。充分利用5G、人工智能、云计算、物联网等技术，建设智慧社区IOC（智慧城市智能运行中心）平台，将“传统社区”与“数字世界”深度融合，在一个平台上集成映射，打造智慧社区服务中心。该平台以越秀区“令行禁止、有呼必应”综合指挥调度平台为“数据中台”，打造“小前台、大中台”的数据共享模式，多类数据资源双向对通。平台纳管整个社区的人、事、物，提供VR全景视角、社区多维观测和全量数据分析，智慧安防、智慧消防、智慧医养等场景落地。广泛布设消防占道、垃圾堆放、高空抛物、人脸识别等多种AI算法和高清摄像头，通过与“越秀先锋”打通，实现事件“发现—告警—响应—处置—办结”五步闭环，有效提升工作效率，为基层减负赋能。以人员密度算法为例，社区幼儿园在非接送时间出现人员群聚，视频监控即可自动识别、迅速告警，提示工作人员留意，保障幼儿园小朋友安全。当定时投放点出现垃圾堆放时，垃圾堆放算法启动，第一时间识别告警，自动推送“越秀先锋”，由环卫工人跟进处理，垃圾堆放处置效率提升5倍，更大力度保障市容市貌干净整洁。同时，社区视频监控遍布社区，串联治安巡逻沿线，社区工作人员通过平台即可在线“视频巡逻”，发现异常立即发起事件，相关工作人员协同处置。在相同时间内，视频巡逻范围是实地巡逻的三倍以上，极大为社区工作人员减负。有关部门通过布控指纹锁、无线感应门磁、智能监控、可视化报警盒、广播音箱等设备，将社区安防触角深入到一房一屋，全面提升智慧安防水平。通过推进社区减负增效，越秀区实现全区行政许可事项可网办率达100%，最多跑一次率达100%，零跑动率达93.48%。群众办事申请表格少填70%，材料提交减少75%，办事少跑69%。通过数据共享减少基层工作人员二次录入数据，取消83种业务报表清单和台账，减少率达62%。①

积极推进社区工作者职业化体系建设。制订实施《广州市关于提升城乡社区干部队伍职业素质工作方案》以及《社区专职工作人员工资指导标准》《广州市事业单位招聘优秀基层工作人员和引进企业及社会组织人才办法》等文件，形成由员额管理、职务职级晋升等10项制度构成的工作

① 徐振天：《广东多项举措确保基层工作正常开展，维持社会平稳运行》，金羊网，2020年6月10日，https://news.ycwb.com/2020-06/10/content_875897.htm.

链条，建立“三级十八档”薪酬待遇，加大定向招录（聘）事业编干部力度，进一步优化社区专职工作者专业化职业化体系。让社区干部工作积极性更高，体面感、获得感更强。自2018年以来，海珠区聚焦新时代基层党建新要求，坚持改革创新、先行先试，在健全管理架构、选优配强队伍、灵活用人机制、强化目标管理等方面不断探索，聚焦选育、考核、激励等关键环节，着力构建全链条工作体系，打造一支专职化、规范化、专业化的城市基层党建工作“红领队伍”“基层铁军”，为扎实推动全区基层党建工作整体建强、跃迁升级打下坚实基础。一是锻强“选育链”，外引内育夯实队伍支撑力。持续深化“双向交流”，畅通队伍来源渠道。坚持“社会公招+内部遴选+双向交流”机制，打造一支高素质专业化的城市基层党建工作队伍。截至2022年5月，全区共有专职化党建工作队伍近300人，全部具有中共党员身份，平均党龄11.0年，平均年龄35.4岁，本科及以上学历244人、占比85.0%，队伍总体呈现年轻化、素质高、活力足的特点。立足基层工作实际，推行党建工作人员和社区专干联合招聘，打通党建工作人员和社区专干“双向交流”通道，有效培育“懂党建、懂基层”的复合型人才。有10名优秀党建工作人员当选社区党组织书记或副书记。坚持精准“量体裁衣”，多维模式促能力提升。分级分类抓好队伍培训，开展新入职人员“理论培训+岗位实训”，实施“以老带新、以熟带生”的传帮带模式，由1名党建指导员结对帮带1名组织员，1名组织员负责2个临近的社区，让新入职人员快速熟悉区情街情、基层党务工作。对在职人员分批开展“跟班式”培育，组织各单位党建工作人员定期到组织部门学习。依托海珠区基层党组织规范化建设实训中心，突出问题导向，聚焦日常工作中的咨询热点、疑难点、易错点，开展党性教育、党务知识培训、业务探讨、经验分享，全方位提高综合能力。二是把牢“考核链”，严管厚爱激发队伍内动力。注重“从严从细”，抓长效管理促规范履职。出台《建设高素质专业化城市基层党建工作队伍的实施意见》以及规范目标管理考核、调整薪酬待遇等配套机制，进一步细化岗位职责、专岗专用等要求，以规范化管理促进队伍高质量建设。注重“考实考准”，搭建目标管理考核体系。实行“随机检查+季度考核+年度考核”的分类考核形式，分类考核党建工作人员，将履职情况和重点任务进展的量化评比纳入实绩考核“必考科目”。通过创新设置团队党课、创新党建案例、开展党务知识竞赛、撰写心得体会等多种方式，让党建工作人员“同台竞技”横向评比，全面客观地考核党建工作人员能力素质与综合表现。强化考核结果运用，将考核等次与晋档增资、等级晋升、激励保障等有效挂钩，促进队伍高质量建设。共表彰了在疫情防控中表现突出的23名优秀党建指导员和33名优秀组织员。三是健全“激励链”，常态长效提振队伍驱动力。不断完善晋升空间、薪酬待遇、表彰奖励等保障机制和“动态进出”机制。完成全区基层党建工作人员工资套改和核定工作，人均工资待遇增幅约四成，保障基层党建工作人员扎根基层、服务基层。联合区纪委出台《关于规范基层党建专职工作人员党纪政务处分决定执行的工作意见》，对于存在违纪违法行为的党建工作人员及时调离岗位并解除劳动合同。紧抓政策支持，拓展职业发展空间，加强与市委组织部和区人社、民政等部门的沟通交流，积极探索为党建工作人员提供与社区专干同等条件的遴选或公招资格。

（八）凝聚起城市治理的“最大公约数”

在推进城市基层党建工作中，广州市坚持以人民为中心，着力健全党建引领下多方参与的协同共治机制，凝聚起城市治理的“最大公约数”。

下好多元协同“一盘棋”。着力健全党建引领下各领域协同、多方参与的共治机制，用党的政治优势、组织优势整合社会资源，动员各界力量充分参与到决策中来，齐心协力解决治理难题、办好民生实事，形成“一呼百应”的工作格局。例如，荔湾区实施“百梯万人”党旗红旧楼宇加装电梯书记项目，形成了党委统筹、政府扶持，居民自治、社会参与的工作模式。在该模式下，党组织的作用非常明显。通过建立“区委—街道—社区—片区（网格）—楼宇”五级组织网络，切实承担起辖区旧楼宇加装电梯的组织领导职责。区委书记作为项目责任人，负责统筹协调，全面督促各责任单位按计划推动项目实施。该项目建立区领导挂点督导机制，区几套班子领导每人挂点督导1—2条街道，指导各街道党工委实施“百梯万人”书记项目。街道党工委牵头抓总，组织实施本辖区内电梯加装工作，制定方案，层层分解细化任务。社区党组织管理主导，搭建党员民情议事会、社区建设管理委员会等民主协商议事平台。网格党组织服务引导，把辖区党员和带头人组织起来，吸纳热心居民代表、社工组织代表、企业代表等参加志愿服务队，成立加装电梯志愿服务站。楼宇党支部（党小组）组织党员住户带头作表率，挨家挨户宣传政策、收集信息，动态掌握并随时向上反映社情民意，最大限度破解居民群众意见统一难的问题。

整合指挥调度“一平台”。坚持以群众呼声为第一信号，全市11个区聚焦提升基层党组织政治功能、组织功能和服务功能，打造“令行禁止、有呼必应”综合指挥调度平台。例如，增城区建设“令行禁止、有呼必应”综合指挥调度平台，推动全区直各职能部门、13个镇街、347个村（社区）、3320个网格全部接入平台。将党群服务、综合治理、城市管理、应急管理等涉及城市运行的32个系统对接融入平台建设，实行一窗式服务管理，着力推动“多网融合”，实现事项“一键全解决”。这是增城区利用“智慧党建”打通基层治理“最后一公里”的“杀手锏”。

织密基层治理“一张网”。整合基层党建、治安维稳、社会保障等各类网格为“一张网”，在符合条件的网格建立党组织，选优配强网格党组织书记。建立街道社区党员干部包联网格、走访群众等制度，探索在职党员下沉担任网格指导员。同时加强网格资源配置，把党的建设、公共服务、社区服务、市场服务、志愿服务等资源和职责下沉到网格，让“喇叭口向下”变“呼声向上”。2020年，全市累计处置网格事件500多万件，真正把工作落实到网格，把问题解决在一线。南沙区以构建“令行禁止、有呼必应”党建引领基层共建共治共享社会治理格局为指引，在榄核镇等镇域范围率先试点“党建大喇叭”，打造“有声党建”乡村治理新模式。通过“党建+声音”“喇叭+治理”“平台+服务”等创新理念和举措，突出“凝聚力量、聚拢人心”的“党建双聚”逻辑。以“1个镇（街）级中心平台+N个播放终端”为载体，将“大喇叭”系统深入到乡村各角落，在思想宣传、引导舆论、基层治理、疫情防控等各方面工作中都起到积极作用。让“声音”成为传播前哨，让“声音”走在治理前列，让“声音”化入人心。初步探索形成了“有声党建”“声音治理”的党建引领乡村治理的新路径，确保党的全面领导直达基层、党的温暖和党的声音直达群众。全面锻造听党话、跟党走的过硬基层，有呼必应、凝心聚力的过硬基层，令行禁止、攻坚克难的过硬基层，为推进党的事业落地落实提供坚实基础和支撑。一是在组织架构上，按照“大喇叭”运营要求加大镇域改革力度，形成“领导小组—分控室”的二级领导管理体制和“镇—村（居）—小组”的三级播放组织架构。将全镇各机关、各单位全部纳入其中，有效组织起来，成立了组织人事办、宣传办、综治信访维稳中心、司法所、农业办、民政办等单位组成的“党建大喇叭”广播编辑小组，负责播放内容的采编和审核工作。二是在功能作用上，从“大喇叭”最初的播报宣传定位扩展到思想宣传、引导舆论、基层治理、疫情防控、治安保障等各方面工作。一般安排在工作日早晨、中午、傍晚各广播一次，具体时间由各村确定。在宣传内容上，习近平新时代中国特色社会主义思想和时事要闻是每次必播内容，同时每天播放的内容各有侧重。在流程采编上，“党建大喇叭”还汇集了权威媒体海量的学习内容，既有“学习强国”等平台的相关信息，又通过大数据分析，可详细掌握党员对学习内容的需求情况，为党员的针对性教育提供研判数据，确保同时满足广大党员的共性需求与个性需求。因地制宜用好镇内红色资源，以通俗易懂、喜闻乐见的方式引导党员以史为鉴，把党史学习贯穿到工作、生活的全过程之中，传承红色基因、担当复兴使命。“党建大喇叭”更为偏远乡村老龄党员及自学原著有一定困难的党员提供了方便，为广泛普及党的新思想提供了载体。三是在治理效能上，针对乡村治理中的问题和现象即时实现“声音治理”。对乡村社会顽症实现高效管控。“党建大喇叭”播报室即为指挥室，对违法建设、违法用地、大宗垃圾等问题实施全域性周期性治理。同时对违建和垃圾黑点实施重点监控，做到巡查到位、管理到位、整治到位，可以通过“大喇叭”进行即时督促整改，对村民生活需求实现高效呼应。2019年7月25日，榄核村一出租屋住户失窃5.5万元，村里通过大喇叭宣传群防群治，呼吁附近村民为警方提供自家监控视频协助破案。经过动员，村民提供的线索帮助警方成功锁定嫌疑人。自榄核村“党建大喇叭”投入使用后，村里的案件类警情同比下降了10.9%，村民对大喇叭的推广都拍手称好，开创了“一户有警、全村联动，喇叭一响、天罗地网”的农村治安防控模式，构筑了农村平安建设的“空中防线”。对急难险重任务实现高效动员。针对疫情重点防护期，榄核镇党委集中策划推出新冠肺炎防护专题报道，创制了30多分钟的防控防疫宣传播报。除利用全镇155个固定的党建大喇叭早、午、晚循环开展防疫宣传外，还利用各村居广场舞大喇叭做好流动宣传工作，让防疫宣传不仅看得见，还听得到。还积极发动镇内资源创制顺口溜、快板、打油诗等宣传广播语音，每天用方言在村级党建大喇叭里广播，使防疫宣传接地气、广覆盖、入人心。在村“两委”换届选举中，通过村民自编自导自排自演的“微剧”“微视频”“微情景”“小段子”等广泛宣传换届纪律，营造良好换届生态，效果非常明显。

三、以创新举措推进机关党的建设

机关党的建设，是党建工作的重要一环。加强和改进机关党建工作，有利于巩固党的执政地位，增强党组织的引领力、组织力、服务力，有利于机关单位自身管理水平和工作效率的提高。加强机关党建，必须以党的政治建设为统领，以落实党建工作各项制度为抓手，着力深化理论武装，着力夯实基层基础，着力推进正风肃纪，全面提高党的建设质量。自觉把党的工作贯穿到业务工作的全过程，做到党的工作与业务工作同频共振、互为促进，以机关党的建设高质量推动业务工作高质量发展，不断提升各机关治理效能、服务质量和工作水平。

（一）把党的政治建设摆在首位

旗帜鲜明讲政治是我们党作为马克思主义政党的根本要求，带头做到“两个维护”，是加强党政机关党的建设的首要任务。市直机关作为政治机关，必须始终把党的政治建设摆在首位，树牢“四个意识”，坚定“四个自信”，带头做到“两个维护”。坚持把学习宣传贯彻习近平新时代中国特色社会主义思想和习近平总书记视察广东重要讲话精神作为首要政治任务，贯彻习近平总书记对推进中央和国家机关党的政治建设的重要指示精神，切实抓好《中共中央关于加强党的政治建设的意见》贯彻落实，严格执行《关于新形势下党内政治生活的若干准则》要求。严格对标对表，扎实开展“不忘初心、牢记使命”主题教育，把省委关于“大学习、深调研、真落实”的要求贯穿其中。按照习近平总书记提出的“一个带头”“三个表率”要求，通过协助建立市领导模范机关创建活动联系点、落实广州市直属机关工委（以下简称工委）领导分组联系指导基层党组织等方式，稳步组织市直机关开展模范机关创建活动。依托主题党日、重温入党誓词、党员过“政治生日”等方式，市直机关增强党内政治生活仪式感，提升党员干部党的意识、党章意识、党员意识，增强党内生活的庄重性、严肃性、规范性。通过一系列具体措施，工委带领市直机关，将习近平总书记视察广东重要讲话精神作为指导开展全面工作的行动纲领，以党的政治建设为统领，认真落实省委“1+1+9”[①]工作部署和广州市委

① “1+1+9”：第一个“1”是指以推进党的建设新的伟大工程为政治保证；第二个“1”是指以全面深化改革开放为发展主动力。“9”是指九个方面重点工作。一是以粤港澳大湾区建设为重点，加快形成全面开放新格局；二是以深入实施创新驱动发展战略为重点，加快建设科技创新强省；三是以提高发展质量和效益为重点，加快构建推动经济高质量发展的体制机制；四是以构建现代产业体系为重点，加快建设现代化经济体系；五是以大力实施乡村振兴战略为重点，加快改变广东农村落后面貌；六是以构建“一核一带一区”区域发展新格局为重点，加快推动区域协调发展；七是以深入推进精神文明建设为重点，加快建设文化强省；八是以把广东建设成为全国最安全稳定、最公平公正、法治环境最好的地区之一为重点，加快营造共建共治共享的社会治理格局；九是以打好三大攻坚战为重点，加快补齐全面建成小康社会、跨越高质量发展重大关口的短板。

“1+1+4”[①]工作举措，以推动广州机关党建工作出新出彩、体现“两个维护”的坚定性。

一是在谋划工作中自觉抬升政治站位。市财政局始终坚持党对财政工作的集中统一领导，在思考、谋划和部署财政工作时，以党的旗帜为旗帜、以党的方向为方向、以党的意志为意志，不折不扣贯彻落实党中央决策部署。要紧密围绕市委、市政府中心工作和市财政局工作安排，找准围绕中心、服务大局的切入点、着力点和落脚点，既算好经济账，更算好政治账、大局账、长远账，做到精准发力、精准用力，确保各项财政政策有效落实。努力把推动粤港澳大湾区建设作为财政政策的重要发力点，把支持科技创新和现代产业体系建设作为财政支出的重点领域，把支持扩大内需作为财政投入的重点方向，在错综复杂的新矛盾新挑战中展现财政更大作为。

二是在解决问题中自觉运用政治眼光。习近平总书记指出，要善于从政治上观察和处理问题，使讲政治从外部要求转化为内在主动。市财政局强化政治担当、政治自觉，把政治导向、政治要求贯穿财政工作始终，充分发挥财政保障的积极作用。在重大问题上保持头脑清醒、练就火眼金睛，善于从一般事务中发现政治问题，善于从倾向性、苗头性问题中发现政治端倪，善于从错综复杂的矛盾关系中把握政治逻辑，坚持政治立场不移、政治方向不偏。结合党史学习教育，重点研究解决涉及民生的财政问题，及时更新完善开展“我为群众办实事”的实际举措，全力保障支持省、市十件民生实事和市重点民生项目，办好群众身边的事，满足人民对美好生活的需要。市住房城乡建设局把统筹推进全市“新城建”试点工作作为重要政治任务，牢固树立“党建+新城建”工作理念，坚持党建和“新城建”“两手抓、两手硬”，实现了党建工作、“新城建”工作同安排、同落实，两不误、双促进。

---

① “1+1+4”：第一个“1”指加强党的领导和党的建设，是实现老城市新活力的根本政治保证；第二个“1”指深化改革开放，是实现老城市新活力的根本路径和关键一招；“4”指在综合城市功能、城市文化综合实力、现代服务业、现代化国际化营商环境方面出新出彩。

三是在检验成效中自觉对照政治标准。市财政局坚持将围绕中心、服务大局作为财政工作的出发点和落脚点。财政工作无小事，事事关乎百姓利益，必须把群众满意作为工作的根本价值取向和衡量标准，顺应人民群众对美好生活的新期待。要紧盯党中央惠民富民、促进共同富裕政策落实，做实做细财政工作，强化资金监管，保障资金安全，落实财政预算，统筹好资金安排，将每一分财政资金都用在刀刃上。不断提升保障民生的能力和水平，真正做到为国理财、为民服务。市委办公厅将专班机制在攻坚实践中坚持以政治效果检验政治执行力，全力抓贯彻、抓执行、抓落实，高效统筹调度各方资源和力量，打通贯彻执行的“中梗阻”，实现超常规的工作推进、取得超一流的工作成效：一批违法建设等长期制约广州高质量发展的问题得到解决；一批产业转型升级、营商环境优化等重点工作得到新突破；一批事关老百姓切身利益的医疗、教育等民生诉求得到妥善处置；一批提升广州现代治理体系治理能力和水平的机制举措得到持续完善。

（二）深化机关理论武装

近年来，广州市直机关紧紧围绕深入学习贯彻习近平新时代中国特色社会主义思想的主题主线，将“自觉同党的基本理论、基本路线、基本方略对标对表，同党中央决策部署对标对表”作为基本要求，在建立“第一议题”制度，第一时间传达学习习近平总书记重要讲话和指示批示精神的基础上，将学习党的创新理论与机关党建业务工作需求、党员干部的思想困惑相结合，努力把工委和市级机关各单位党组（党委）打造成“在深入学习贯彻党的思想理论上作表率，在始终同党中央保持高度一致上作表率，在坚决贯彻落实党中央各项决策部署上作表率”的真学、真懂、真信、真用“旗舰”，有力促进了机关党建高质量发展。

紧紧围绕深入学习贯彻习近平新时代中国特色社会主义思想的主题主线。广州市直机关工委作为主抓机关党的工作部门，必须把思想和行动统一到习近平总书记重要讲话精神上来，重点把握加强党的领导和党的建设这一关键所在，带领市直机关牢记使命、不负重托，学深悟透、贯彻落实习近平总书记重要讲话精神，在加强党的政治建设，创建模范机关工作中走在前、作表率。为更好地带领市直机关深入学习贯彻习近平新时代中国特色社会主义思想和习近平总书记视察广东重要讲话精神，贯彻党中央决策部署，助力粤港澳大湾区建设，工委组织开展“诵读新时代”系列活动，开设全国首个党员干部电台阅读推广节目，开发“百集微党课”、答题闯关小程序等平台，增强学习教育的生动性和吸引力。通过诵读、知识竞赛、征文及系列研讨会、专场宣讲会等形式，做到学习党的十九大报告及习近平总书记系列重要讲话和指示批示精神全覆盖。围绕打造营商环境、推进科技创新、改善民生、推动乡村振兴、加强干部人才队伍建设五个主题，广泛宣传改革开放以来党建引领敢为人先的先进典型。牵头举办“领导干部讲坛”、“机关读书讲坛”、“我抒我读”沙龙活动、广东经济形势报告会广州专场活动，以及以“大湾区建设”为主题的系列读书活动近30场次，有力宣传了“一带一路”、大湾区建设等中央重大决策部署。深化“我是共产党员”主题实践活动，推行“共产党员亮身份”佩徽挂牌服务，开展“党员微故事征集”活动，举办“奋斗吧，正当时”党员故事大会，以讲故事的方式，宣传机关党员践行习近平新时代中国特色社会主义思想的先进事迹。用红色文化资源涵养社会主义核心价值观，组织市直机关党员到中共三大旧址等红色场馆开展新时代红色文化讲习。坚持每年通过座谈会、问卷调查等形式，采集样本，形成机关党员思想状况分析报告。组建机关思想政治建设和心理指导员队伍，制作心理辅导短音频节目，将心理疏导和人文关怀融入机关思想政治工作。围绕“加强机关党的政治建设”“提高机关党员干部政治能力”等重点课题，开展机关党建专题调研和理论研究，推出一批调研成果。

打造市直机关青年理论学习立体格局。广州市直机关工委推动市直各单位以青年理论学习小组为载体，学深悟透习近平新时代中国特色社会主义思想，发挥青年创意，结合所在单位职责内涵，精心打造各具特色的理论学习品牌，不断强化市直机关在政治机关意识教育方面的示范作用。一是吹响勤学“集结号”。工委坚持科学谋划，抓好顶层设计，制订印发《成立市直机关青年理论学习小组工作方案》及《市直机关青年理论学习小组开展“青年学习标兵”评选的指导意见》，各机关党组织一体部署、共同推进，市委大院机关牵头首试，市直机关全面建立和形成青年理论学习矩阵。坚持每年举办青年政治理论“微课竞赛”，深化拓展“青马工程”，推动青年理论武装工作创新发展。各学习小组定期开展“青年学习汇”，通过主旨分享、观点探讨等方式鼓励青年干部走上讲台，既做理论的忠实践行者，又做理论的优秀传播者，在青春对话、思想碰撞中不断感悟初心、坚定信仰。二是凸显政治“风向标”。结合创建模范机关要求，将实施青年理论学习小组作为推进“不忘初心、牢记使命”永恒课题的重要抓手，以学习小组的形式着力提升政治素养，教育引导机关青年增强做到“两个维护”的思想自觉、政治自觉、行动自觉，助力提升市直机关的政治领导力、思想引领力、群众组织力、社会号召力。坚持学好用好《习近平谈治国理政》（第一卷、第二卷、第三卷、第四卷）、《习近平新时代中国特色社会主义思想学习纲要》、《习近平新时代中国特色社会主义思想三十讲》等重要读本。利用微信公众号每月推送理论学习指南，围绕总书记重要讲话、最新指示批示精神、经典导读等内容提出学习要求，推动细学深悟理论精髓要义。持续深化“第一议题”制度，用好“学习强国”App，开发“党员i学习”小程序作为线上学习载体，打破时间、空间制约，将学习习近平新时代中国特色社会主义思想同习近平总书记对广东工作重要讲话和重要指示批示精神结合起来，同贯彻落实省委“1+1+9”工作部署和市委“1+1+4”工作举措结合起来，及时对标对表，把准工作方向，做到学习跟进、认识跟进、行动跟进。三是发挥组织“领导力”。坚决贯彻新时代党的组织路线，由市直机关工委牵头指导，各机关党组织积极统筹安排，选任机关党组织书记（副书记）、机关团组织书记、优秀青年干部担任青年理论小组组长、副组长，加强青年理论学习小组的组织领导，选拔40岁以下、工作绩效突出、学习积极性高的年轻干部作为骨干学员。定期邀请党组（党委）成员参与青年理论学习小组活动，形成上下联动、共同推动的生动局面。四是强化考评“指挥棒”。市直各机关党组织着眼青年干部特点，结合本单位实际，出台青年理论学习小组工作制度和“青年学习标兵”评选实施细则，科学设置年度学习任务与学习计划，形成持续性、递进式的长效机制，杜绝形式主义、官僚主义。立足以考促学，引入量化积分方法，细化考评指标和权重。考核指标既考在平时，对常态化学习、参与青年阅读分享活动、发表理论文章等进行积分；又考在关键处，把支持疫情防控、回社区报到服务、参与扶贫攻坚、承接急难险重任务等实践活动纳入考评，使考评结果精准反映理论学习和实践锻炼成效。五是扩大宣传“覆盖面”。发挥青年学习主体作用，通过亲眼看、亲耳听、亲身悟，激发青年学习新思想、践行新理念的内生动力。一方面继承广州英雄城市的红色基因，充分运用红色资源作为坚定理想信念、加强党性修养的生动教材。另一方面，围绕市委、市政府中心工作，聚焦发展新理念、产业新方向、科学新进步、技术新发明组织参观学习。建立完善正向激励机制，注重培育先进典型，每年评选1次“青年学习标兵”，逐步形成覆盖全面、引领有力、特色鲜明的理论学习“雁阵”，发挥“头雁”效应带动青年干部理论水平整体提升。依托工委“一报一网一微一端”、广州电台、广州日报等载体，广泛宣传各单位开展青年理论学习小组的好做法和成效，以身边典型激励身边人，营造出学思践悟、比学赶超的浓厚学习氛围。

坚持学悟、学研和学干相结合。广州市住房城乡建设局充分发挥党建示范作用，在理论学习和素质提高上，实现“新城建”①深度融合。一是做到学悟结合。广州市住房城乡建设局以党的政治建设为统领，以“三会一课”为基本制度，以主题党日活动和支部书记讲党课为重要载体，按照

① 2020年8月，住建部会同六部委印发的《关于加快推进新型城市基础设施建设的指导意见》中首次提出“新城建”概念，即对城市基础设施进行数字化、网络化、智能化建设和更新改造。广州印发相关实施方案，成为第一批创建“新城建”产业与应用示范基地城市之一。

集中学习与业余自学、“互联网+”与传统手段、走出去与请进来相结合的方式，积极引导党员干部读原著、学原文、悟原理。认真学习习近平总书记关于住房城乡建设工作重要论述精神，深入领会中央、省市关于“新城建”试点工作重要精神。特别是市住房城乡建设行业监测与研究中心作为全局“新城建”试点工作总体统筹协调的直属单位，承担了市“新城建”试点工作联席会议办公室的日常工作。为扎实推进“新城建”工作，中心临时党支部抽调24名党员骨干组成“新城建”工作专项小组，全中心共计39名党员参与相关工作，占在职党员总数的66%。同时，结合党史学习教育、模范机关创建、支部评星定级等工作，多次邀请专家、学者做专题辅导报告，充分宣传普及“新城建”工作，提高干部队伍能力素质和水平。二是做到学研结合。2020年10月，广州被列入全国首批新型城市基础设施建设试点城市后，“新城建”试点工作进入了加速推进的快车道。为尽快实施一批“新城建”项目，以新模式新业态创造新供给，带动有效投资，促进经济“内循环”提质增效，广州市住房城乡建设局深入学习习近平总书记关于城市工作的重要论述，持续开展“大学习、深调研、真落实”活动。按照要求，局全体党组成员、党员骨干深入基层一线，开展了一系列调查研究，提交了44份高质量、有深度的调研报告。其中，《基于CIM的智慧城市应用研究》《广州BIM、CIM技术应用产业研究》《保障性住房项目基于BIM的装配式建筑应用研究》等调研成果，聚焦任务目标、聚焦推进情况、聚焦补齐短板，为高质量高标准顺利推进“新城建”试点工作探索经验、贡献智慧。三是做到了学干结合。广州市住房城乡建设局把解决“新城建”实际问题、推动“新城建”实际工作作为衡量学习教育实际效果的根本标尺，努力促进“新城建”与理论学习的深度融合。市住房城乡建设行业监测与研究中心临时党支部多次组织党员干部赴“新城建”示范项目越秀区三眼井社区开展主题党日活动，利用物联网科技赋能房屋病害共防共治，开展“学党史 践初心 我为群众办实事”进社区系列活动。把学习教育中焕发出的热情转化为干事创业的实际行动，在更好履职中让人民群众享有更多获得感。广州在城市信息模型（CIM）平台建设、城市智慧汽车基础设施和机制建设等方面已取得实质性进展，CIM+智慧社区应用、新城建智慧社区建设、智慧灯杆建设、车城网、智能建造与建筑工业化协同发展等工作逐渐落到实处。

（三）构建党建引领基层共建共治共享社会治理格局

习近平总书记在党的十九大报告中强调，要“打造共建共治共享的社会治理格局”①。2018年3月7日，习近平总书记参加十三届全国人大一次会议广东代表团审议时提出，广东要在营造共建共治共享社会治理格局等四个方面走在全国前列。同年10月，习近平总书记亲临广州视察，提出广州要实现老城市新活力，在综合城市功能、城市文化综合实力、现代服务业、现代化国际化营商环境方面出新出彩。广州市委始终牢记习近平总书记嘱托，聚焦城市治理热点、难点问题，从2019年起把构建“令行禁止、有呼必应”基层党建引领共建共治共享社会治理格局作为全市党建工作的主题，着力发挥基层党组织在社会治理中的领导核心作用，推动超大城市治理体系和治理能力现代化，推动老城市持续焕发新活力。广州市直机关党组织紧紧围绕市委工作部署，坚持把“令行禁止”作为构建基层党建工作格局的首要要求，把“有呼必应”作为贯穿基层党建引领基层治理全过程的主线。着力在加强机关党的政治建设和基层组织建设上下功夫，着力在推进模范机关创建上出实招，着力在完善上下贯通、执行有力的基层组织体系上做文章，着力推动在职党员在下基层、入社区、进文化场馆开展形式多样志愿服务中为民办实事。以打造党建引领、资源下沉、明责减负、快速响应等机制为重点，着力构建基层组织领导下的“令行禁止、有呼必应”共建共治共享社会治理格局。全市各级党组织政治功能更加突出，广大党员政治素质更加过硬，基层群众获得感、幸福感、安全感普遍

① 习近平：《决胜全面建成小康社会 夺取新时代中国特色社会主义伟大胜利——在中国共产党第十九次全国代表大会上的报告》，共产党员网，2017年10月27日，https://www.12371.cn/2017/10/27/ARTI1509103656574313.shtml.

增强，制度新动能得到释放，城市新活力得到焕发。

一是强化党建引领。广州市直机关工委强化提升机关基层党组织政治功能、组织功能和服务功能，加强统筹谋划，做好制度设计。2018年9月，组织召开全市机关模范建设动员大会，对坚持党建引领推动机关各项事业进行了部署。2019年，召开全市机关党的建设工作会议，对坚持以机关党建带动各领域基层党建全面进步、全面过硬，打造共建共治共享社会治理格局进行了安排，夯实了以机关党建引领社会治理高质量发展的基础。一方面，突出政治建设。紧扣“有令必行、有禁必止”，推动把政治建设摆在首位、落到基层。坚决落实市委“两个维护”12项制度机制，持之以恒用习近平新时代中国特色社会主义思想武装党员干部头脑，深入开展“不忘初心、牢记使命”主题教育和党史学习教育，以及政治机关意识教育和对党忠诚教育，持续深化“大学习、深调研、真落实”工作，持续做好常态化疫情防控工作，推动党中央各项决策部署在市直机关畅通无阻、落地生根。另一方面，夯实组织体系。紧扣“民有所呼、我有所应”，大力实施健全组织体系、建强战斗堡垒、锻造先锋模范等措施，健全为民服务体系。2020年暴发新冠肺炎疫情，广州市直机关协助组建“三人小组”、推行党员回社区、开展网格化管理、组织战“疫”临时党支部，让党旗在广州疫情防控阻击战场高高飘扬。2021年5月，广州发生本土疫情后，广州市直机关工委紧扣“五级联动、一贯到底”，迅速发动80个广州市直机关党组织组建1600多人的党员突击队，先后出动8000多人（次）参加152条街道疫情防控。向荔湾芳村片区9条街道派出65名市直机关党员参加的疫情防控工作队。动员封闭封控区内1500余名机关党员，成立120多个临时党支部、409个临时党小组就地参加防控工作，在防控一线战场践行“有呼必应、有诺必果”。

二是强化资源下沉。市直机关注重加强保障力度，从队伍建设、经费保障、阵地建设等关键要素入手，积极推动人往基层走、钱往基层投、政策往基层倾斜，让党支部在基层工作中唱主角，把工作落实到网格，把问题解决到一线。第一，推动人员下沉。全面落实《关于进一步织密上下贯通执行有力组织体系，提升超大城市党建引领基层治理水平的工作方案》要求，落实《市直机关党务工作人员队伍建设工作指引》，用好用活考核评价“指挥棒”，推动机关党组织和在职党员下沉社区服务成为常态。第二，做好经费保障。认真落实《关于建立城市基层党建工作经费保障机制的实施意见》，工委及时划拨留存党费，确保基层党组织有能力、有资源为党员群众服务。第三，用活教育阵地。实施党员教育阵地提升行动，从规范性、服务性、智慧化、满意度等维度提升党支部教育阵地服务功能。大力开展机关党支部与各领域基层党支部结对共建，活用结对镇街党员教育服务中心，以弥补机关党员教育阵地的不足。

三是强化明责减负。坚持把群众的满意度作为工作考评的重要指标，着力释放基层动能，把问题解决在一线。第一，狠抓作风整治。把形式主义问题作为“不忘初心、牢记使命”主题教育和党史学习教育整改落实的重要内容，大力整治形式主义、官僚主义，认真落实“基层减负年”各项要求，进一步压减发文、简报、会议等，督促基层党组织摒弃过度留痕的做法。第二，明确工作责任。推进机关党员下沉社区，并自觉纳入网格党支部管理，协助社区做好党的建设、公共服务、社区服务、市场服务等资源和职责下沉网格的工作，及时把呼声向上传递。第三，抓实基层减负。持之以恒用好基层评议机关作风工作，以及《作风建设永远在路上》《花城政能量》电视问政节目等载体，整治机关的形式主义、官僚主义，清理机关与基层的各类责任状，整治指尖上的形式主义，强化“以评促治、以评促改”，推动基层轻装上阵。

四是强化快速响应。机关党组织坚持以群众呼声为第一信号，坚持改革创新打造各类服务平台、服务载体，努力在第一时间把群众大大小小的事办好。第一，打造“有呼必应”市、区联动平台。市直机关工委加强市区联动协调，与越秀、荔湾等区创新“问题收集、区级审查、市级转办、处理反馈、督办总结”五闭环工作法，初步建立市、区联动工作机制。2020年以来，推动基层群众反映的100多个问题的整改。第二，打造“一号接听，有呼必应”服务体系。市政务服务数据管理局以广州12345政府服务热线为抓手，整合全市11个区、40个市直部门、76条服务专线平台资源，搭建“一号接听、有呼必应”综合服务平台，建立“统一接听、按责转办、限时办结、统一督办、统一考核”全流程工作机制，形成市12345热线平台统一受理和转派调度市民诉求、各区和各职能部门等近120个承办单位归口办理、协同处置的市、区、街镇三级服务体系，推动各级各部门在响应市民诉求上提速增效。第三，打造“线上巡城”样板。市城管局充分运用信息技术手段开展城市管理和综合执法工作，通过视频智能分析信息系统对城市管理问题进行智能化自动抓拍、自动识别、自动报警，大幅度降低路面巡查的人力投入，降低了防控巡查人员交叉感染的风险。近两年市城管部门通过该系统立案10万余宗。广州在全国率先将视频智能分析运用到城管领域的经验，已被重庆、杭州等城市采用。第四，打造“共同缔造工作坊”模式。广州市规划和自然资源局以社区或行政村为单位，充分发挥基层党组织作用，搭建由党委领导、政府负责、社会协同、公众参与的议事平台，利用区域民风民俗、收集文化素材和举办多元活动等，广泛听取和了解居民诉求，建立起“公众参与、共同缔造”机制，汇聚社区居委会、专业社工、社区社会组织等的动能，引导群众参与。

四、全面加强新时代国有企业党建工作

国有企业是中国特色社会主义的重要物质基础和政治基础，关系公有制主体地位的巩固，关系我们党执政地位和执政能力，关系我国社会主义制度。习近平总书记关于国有企业是中国特色社会主义的重要物质基础和政治基础的重要论述，深刻揭示了国有企业在党和国家事业发展全局中的战略地位，为新时代坚定不移做强做优做大国有企业提供了总依据，具有重大的实践意义、战略意义和理论意义。党的十八大以来，广州国企党建工作在创新中加强、在探索中前行。站在一个新的历史起点上，一方面主

动适应深化公司制股份制改革和建立现代企业制度的新要求，在各类混合所有制企业中加强党建工作先行先试上积累了一定经验；另一方面也主动适应国际化竞争和国企改革的新特点，从体制、机制和政策上通盘考虑、顶层设计，进入统筹协调、上下联动，整体有序推进的发展新阶段。

（一）构建统一领导又协同配合的党建管理体制

广州市委、市政府历来高度重视国企党建工作，本着有利于开展党的工作和促进企业发展的原则，积极理顺国企党建工作领导关系，构建国企党建管理体制。早在1994年，广州市根据党的十四届三中全会确定的国有企业逐步建立现代企业制度的目标，决定“从今年（1994年）开始，争取用两年左右时间把国有企业改为公司制”①。同年，广州市委下发《关于在建立现代企业制度中加强党的工作的意见》对公司党组织的隶属关系进行了积极探索和基本规范。1996年，中共中央组织部制定《关于在现代企业制度百家试点企业中加强和改进党的工作的意见（试行）》明确：“试点企业改组成公司后，党组织原由地方党委领导的，其领导关系一般保持不变。与公司（集团公司）在同一地区的子公司党组织，一般由公司（集团公司）党组织领导。公司（集团公司）跨地区设立的子公司党组织，原则上由所在地党组织领导；需由公司（集团公司）党组织领导的，由公司（集团公司）党组织与子公司所在地党组织协商解决，意见不一致时，由上级党组织帮助解决。股权比较分散的公司党组织，一般由所在地党组织领导”。随着国企改革的深入，为建立更加完善的现代企业制度，2003年《中共中央关于成立中共国务院国有资产监督管理委员会委员会有关问题的通知》正式下发，明确了国资委作为出资人的职责定位。为适应中央对国企改革战略性调整，使国企党建与现代企业制度更加融合，2005年，广州市成立广州市国有资产监督管理委员会，并根据《中央组织部、国务院

① 林汉祥：《在建立现代企业制度中加强企业党组织建设》，《探求》1994第5期。

国资委关于加强和改进中央企业党建工作的意见》的精神，基本明确了在市委的统一领导下组织部门和国资委对国企党建的相关职责。组织部门主要负责对国有企业党建工作的宏观指导。国资委紧紧围绕国有资产出资人的职责定位，一手抓监管，一手抓党建，保证国资委党委对所出资企业党的工作的领导，使企业党建工作与国资监管工作同步扎实推进。2014年，广州市委制定《关于进一步深化广州市国有企业领导体制改革的若干意见》，明确对董事长、党委书记、总经理、监事会主席列入市委管理的市属国有企业，其党组织由市委领导，党的日常工作由市委组织部管理，市国资委党委协助。对领导班子由市国资委党委管理的市属国有企业，其党组织由市国资委党委管理并负责党的日常工作。对市政府授权其他部门和机构监管的广州市城市建设投资集团有限公司、广州市穗航实业有限公司等国有企业，其党组织由监管部门、机构党组织管理并负责党的日常工作，构建起党建管理与企业领导人员管理相结合的体制。

（二）探索党组织融入公司治理的多种实现方式

把加强党的领导与完善公司治理统一起来，核心在于确立国企党组织在公司法人治理结构中的法定地位，关键在于探索多种实现方式。广州市以《中华人民共和国公司法》和《中国共产党章程》明确的党组织在现代企业制度中的法定地位为基本法理依据，不断探索国企党组织融入公司治理的实现方式。一是“公司章程”方式。这主要用于混合所有制企业。如广汽集团把握每次企业联合重组投资机会，通过章程谈判的方式，事先将党组织的机构设置、职责分工、工作任务、活动方式、条件保障等作为投资合作条件和权利纳入公司管理体制、管理制度和工作规范。明确党组织在公司决策、执行、监督各环节的权责和工作方式以及与相关主体和机构的治理关系和工作流程，从而把党组织融入公司治理结构，也为党组织发挥作用奠定了制度基础。二是“交叉任职”方式。广州市普遍实现了“双向进入、交叉任职”的领导体制，使董事会、监事会、经理层都有一定数量的党委（党组）班子成员，保证党组织的意图在决策层、监督层、执行层都能得到有效实施。三是“议事决策”方式。广州市坚持和完善党组织有效参与企业重大问题决策工作机制，制定出台《关于适应现代企业制度要求，充分发挥国有企业党组织政治核心作用的意见》《关于进一步推动国有企业改革与发展的意见》《广州市国有企业党组织参与重大问题决策的程序和规则》，以制度的形式进一步明确了企业党组织发挥政治核心作用、参与企业重大决策的具体程序和途径。指导企业制定完善党委会议事制度、党政联席会议制度、董事会议事制度、总经理办公会议事制度等企业决策制度。强调重要干部任免、重大项目投资决策、大额资金使用等重大问题在决策前要由党组织集体讨论、统一思想，把党组织保证监督、参与决策等职能制度化、程序化。

（三）推出落实全面从严治党要求的系统性举措

事实证明，党建强企业发展就强，这是加强党建工作优势转化的重要体现。正确把握和有效落实全面从严治党在国企发展中的重要作用，是当前深化国企改革的基本认识，其核心是履行好全面从严治党管党责任，切实把国企党组织建设成为坚强有力的领导核心、政治核心。广州市委高度重视国企全面从严治党问题，推出了落实全面从严治党要求的系统性举措。一是健全党建工作责任制。广州市积极探索建立党建工作述职评议制度，要求党委（党组）要履行主体责任，深入了解党建工作情况，认真分析存在的问题，强化党建工作成效与企业负责人年度考核的衔接，引导企业党组织特别是主要领导，进一步强化对党建工作的重视，增强党建工作实效。为更进一步达到党建责任层层传导的效果，广州汽车集团乘用车有限公司党委制定出台《党建工作考评实施方案》，制定具体的绩效考评细则，发挥绩效考评的导向、激励和监督作用。广州珠江啤酒集团有限公司以创建“AAAA”党组织为目标，每季度对基层党组织的班子建设、组织建设、宣传思想工作、党风廉政建设等11项指标进行全面考核。广州珠江实业集团有限公司认真组织开展对下属企业党建工作的年度考核，通过现场检查、查阅资料、听取汇报、民主评议等方式，对下属企业党建工作的成效进行评定。广州越秀集团股份有限公司推出“平衡计分办法”，配套一系列办法细则，构建起科学长效的党建工作落实和考核机制。建立健全党委书记大抓党建的工作机制，以“书记项目”带动强化党委书记的“党建主业”意识，履行好党建第一责任人职责。二是制定出台《关于广州市市属企业落实党风廉政建设党委主体责任和纪委监督责任的实施意见》，推动市属企业全面建立“一把手”负总责、分管领导具体抓、一级抓一级、层层抓落实的“两个责任”管理体系。同时，选取广州越秀集团股份有限公司、广州地铁集团有限公司、广州港集团有限公司作为全市规范“两个责任”的试点，探索落实“两个责任”的机制和办法，总结相关经验在企业推广。三是坚持规范和创新并重，切实加强党组织和党员队伍建设，进一步规范党组织设置、党组织书记配备和党组织活动，大力推进基层党建理念创新、机制创新、方式创新。广州市人民政府国有资产监督管理委员会指导监管企业党组织换届改选工作，优化党支部设置和支部班子配备，推动样板党支部创建试点及“强组织、育人才”等工作，积极推动监管企业下属企业境外特别是香港企业的党组织建设工作。四是发挥党建带群团的传统优势，切实维护职工合法权益，增强党组织凝聚力和企业归属感。五是健全国企党建工作考核评价体系，发挥好考评的导向、监督和激励作用，防止党建和业务工作“两张皮”问题。

（四）形成激发内生创造力的干部人才管理体系

国企干部人才管理体系的核心是按照分层分类管理要求，建立一套体现党管干部原则、与现代企业制度匹配、与市场竞争需要相适应的选人用人机制，促进职业经理人脱颖而出，充分激发各类人才创新创造活力。广州市把建设高素质企业领导和经营管理人才队伍作为加强党对国有企业领导的重中之重，大力实施人才强企战略，有力促进了企业的科学发展。一是完善分层授权制度。坚持以组织选配方式为主选拔任用董事会、党委会和监事会主要成员，以市场化选聘方式为主聘用企业高级经营管理人员，把组织考核推荐与董事会依法选择经营管理者、经营管理者依法行使用人权结合起来，不拘一格选人用人。对一些企业急需而又紧缺的高素质领导人才，通过面向全国公开招聘、从外地引进等途径进行选聘。二是完善职业发展通道。实施“羊城企业家培养工程”，坚持组织选拔与市场化配置相结合，鼓励市管企业积极探索建立职业经理人制度，根据经营管理、技术研发、市场营销、生产技能等不同类型人才的职业特点，分别设置递进式岗位成才序列，按照能力、贡献等因素，给予与岗位序列对应的政治经济待遇。近年来先后通过全球招聘方式选聘了广州证券有限责任公司总裁、金鹰基金管理有限公司总裁和香港创兴银行行长等一批企业高管，实行市场化取酬。三是探索建立企业领导能下能出机制。明确连续两个年度考评结果为不胜任的，或任期内未实现国有资产保值增值且无重大客观原因的，须对领导班子进行调整；属经营失误造成连续三年新增亏损的，对有关领导人员予以免职、解聘。对为企业发展做出较大贡献的企业领导人员因企业改革重组等原因不再担任企业领导职务的，经批准，可转任企业资深顾问、外部董事或外派监事会主席，建立健全市管企业领导正常退出机制。四是加大企业领导人员教育培训力度，依托中山大学、华南理工大学等高校举办国有企业高管培训班，并组织赴德国、以色列产业转型升级专题培训班，对企业领导人员进行轮训。

（五）造就一支承担党重大任务的国企可靠力量

在国企中坚持党的领导和加强党的建设，发挥党组织的政治影响还着重体现在关键时刻、危急时刻保障党和国家能够及时有效地调动国企资源来实现特定的政治、经济、社会发展目标。广州市强调在国有企业中加强党建工作，旗帜鲜明地坚持和加强党的领导，造就了一支拥护党、对党忠诚可靠的力量。一是在危急险重任务中国企发挥中流砥柱作用。近年来，无论是战胜汶川地震、舟曲泥石流、抗洪抢险等特大自然灾害，还是在维护股市稳定、经济安全、履行社会责任等重大经济社会风险中，广州市国有企业都发挥了重要作用，保持了国企在国家和人民需要时勇于奉献和牺牲的优良传统。二是在精准扶贫中体现国企责任担当。精准扶贫是全面建成小康社会的重大政治任务，也是国有企业义不容辞的社会责任。按照市委、市政府精准扶贫工作的统一部署，广州市国有企业展现国企担当，坚定不移履行社会责任，通过多种方式助推精准扶贫。实践证明，广州市国有企业是党和政府在应对处置重大突发事件、特大自然灾害、重大经济风险、重要政治任务时，可以直接掌控调配的听党指挥的中坚和骨干力量。

第四章

聚力：推进新业态新领域党建工作

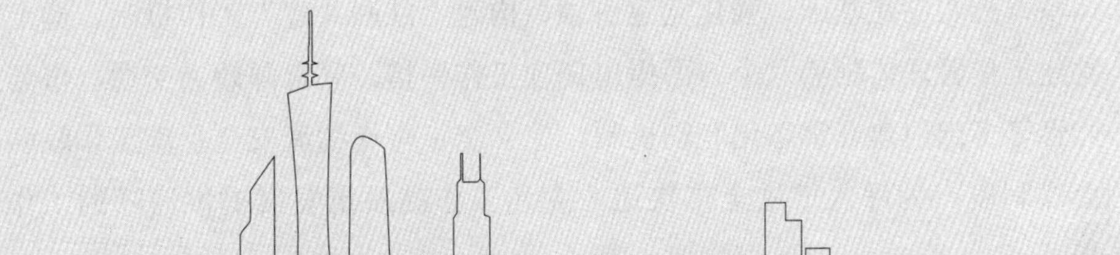

为认真落实全国、全省组织部长会议精神，加强党的组织和工作全覆盖，广州市积极探索既有速度又有温度的新业态新就业群体党建工作，用“心”唤“新”，引导新就业群体融入基层治理，以高质量党建带动新业态高质量发展。广州扎实推进两新组织“两个覆盖”工作。全市11个区以及国资、教育、工信、商务等系统均开展“红联共建”工作，上百家较大规模经济组织、协会商会与上千家中小企业结对共建，先后开展共建活动上千场次，充分发挥了“红联共建”的“乘数”效应。

一、推进快递行业党建工作

快递物流行业所具有的广泛组织网络、庞大从业人员和高效运转体系，使其党建工作成为新时代基层党建工作新重点。广州是快递行业大市，是广东乃至全国邮政快递服务的重要枢纽城市，快递业务量持续保持全国领先。作为与城市居民生活息息相关的新兴产业，快递行业在推动流通方式转型、促进消费升级、推动经济高质量发展等方面发挥了重要作用。广州市强化统筹协调，由组织部门牵头，印发《关于加强我市快递行业党建工作的实施意见》，围绕坚持和加强党的全面领导、严密党的组织体系、夯实党建基础、强化党建引领、构建“红联共建”工作机制、健全党建工作管理体制等六个方面提出15项工作举措，联合邮政、交通、市场监管等多部门建立常态化联动机制，建立全市寄递物流安全管理工作联席会议制度，为深入推进全市快递业党建工作高质量发展提供清晰的工作指引。

（一）突出主体责任，把快递行业党建“管起来”

针对快递业行业规范不健全、党的组织和工作覆盖不够深入、党员流动性大等问题，广州市实行“自上而下定基数、按图索骥摸底数”摸排机制。协调邮政、市场监管、社保、公安、统计等部门提供快递企业名单，通过数据比对、镇（街）摸排，确定党建工作底数。组织快递行业党员举行从业承诺活动，带头签署承诺书，推动实名收寄、收寄验视、技防安检、持证经营、从业人员登记“五个制度”100%落地，建立起属地为主、条块结合、各方联动工作机制，落实党建工作责任制。组织部门（两新组织党工委）和邮政管理部门指导推动属地快递企业党建工作各项政策措施落实到位。公安、民政（社会组织管理）、交通运输、市场监管、工商联等部门结合资质审批、年报年审、业务监管等工作，将党建工作与业务工作同步部署、同步实施、同步检查。完善快递行业党建工作经费投入机制，充实党建工作力量，加强快递行业党建活动场所规范化建设。自2020年以来，广州市深入开展快递行业非公企业和社会组织党建摸排和组织建设“双同步”工作，边摸排边推进组织覆盖，实现了“应建尽建、应联尽联、应纳尽纳”。同时，广州市还建立了市级寄递物流安全管理联席会议制度，推动相关部门形成工作合力，快递相关的职能部门结合业务抓党建，做实了“两个覆盖”。

深化红联共建工作机制，搭建快递行业党建共建平台。广州市推动1165个机关企事业单位与近3000家两新组织跨领域结对共建。同时，推动龙头企业、行业协会商会及园区等新兴领域党组织建立联建共建机制，实施非公企业“红链计划”，构建社会组织红色生态链，助推产学研、上下游、大中小两新组织协同发展。广州市以占全市80%业务量的快递企业为重点，推动单独建立党组织，并在快递企业集中的园区建立党建工作机构，统筹管理园内快递企业党组织和党员。推动在快递行业遴选若干家党建基础好、规模较大的牵头企业联动指导若干家企业，推动相关职能部门与快递企业、国有企业与民营企业开展党建共建，推动快递企业加强与网络电商平台、销售商户、货运站场、物流园区、商务楼宇等党组织的结对共建。实现党组织共建、阵地共享、活动共办、党员共训、难题共解、合作共赢。评选党建优秀案例，创建一批具有快递行业特色的党建工作示范点，表彰一批快递行业先进党组织和优秀党员，构建“市+区+行业”的快递行业党建示范点矩阵，着力整体提升行业党建工作质量。例如，2020年10月27日，白云区物流寄递行业党委成立大会在区住房建设和交通局第二会议室召开。充分发挥行业党委在行业发展中的政治引领作用，强化对物流寄递行业的政治保障，以“双同步”为契机实现党的组织和工作全覆盖。推动实现“应建尽建”“应联尽联”“应纳尽纳”，以党建促发展，实现“党建强、发展强”，努力推动行业高品质发展。

同时，要进一步摸清快递行业两新组织底数，抓好重点企业和重点区域党的组织覆盖。由组织部门牵头，相关职能部门参与，上下联动，形成合力，通过数据对比，镇（街）摸排，坚持做到“应建尽建”“应联尽联”“应纳尽纳”，将党组织延伸到快递末梢网点、分支机构、重要部门。加大选派党建工作指导员力度，加强对快递行业两新组织党建工作的指导。对尚未建立党组织的快递行业两新组织，指导建立工会、共青团、妇女组织等方式开展党的工作。邮政管理、公安、民政（社会组织管理）、交通运输、市场监管、工商联等部门要直接联系指导1—2家快递行业两新组织，每年至少到联系点走访调研1次，实现党的工作指导全覆盖。广州市白云区大源街林安物流园区，早在2002年就成立了党组织，是广州物流行业党建的一面旗帜。林安物流园区党委通过“双向进入、交叉任职”，按照“夯实基础、强化保障、搭建平台、服务发展”的工作思路，把物流供应链企业和物流从业人员凝聚在党组织周围。形成了以党组织为圆心，以党员为“核心层”，以物流供应链企业为主力的“贴心层”，以物流业从业党员、群众共同参与为“连心层”的“同心圆”党建工作模式，激发出物流行业基层党建的内生动力，推动了党建与企业发展深度融合。

（二）创新工作机制，使快递行业党建“活起来”

广州市出台《关于党建引领快递行业高质量发展的若干措施》，统筹28个市级职能部门和11个区，全面加强对快递队伍的政治引领、关心关爱，促进其职业发展、引导其参与社会治理等工作。

加强政治引领，让快递队伍“聚起来”。一方面，建立直接联系制度，推动寄递物流行业工作联席会议成员单位挂钩联系1—2家快递行业两新组织，区相关部门和镇（街）、村（社区）在工作中加强与快递企业、分拣中心、末端网点的直接联系，同步做好党建工作指导；另一方面，加强政治吸纳，推荐符合条件的企业出资人（负责人）、快递员作为党代表、人大代表、政协委员和工会委员、团代表、青联委员、妇联执委人选。同时，发挥行业协会和龙头企业带动作用，推动行业协会、龙头企业党组织打造党建工作示范点、精品课程、现场教学点，培育金牌讲师，培育星级快递营运网点，组织评选“最美快递员”。

加强关心关爱，让快递队伍“暖起来”。做好快递职工的组织和关爱工作，把温暖送到快递队伍身边。推动住建、规划、城管等部门打造快递员爱心驿站，免费为广大快递员提供避暑取暖、歇脚饮水、手机充电、学习交流的场所。2020年以来，广州推动了近3000个基层党群服务中心及园区、商务楼宇、商圈党群服务站等设置爱心驿站功能，配套饮水机、充电宝、微波炉、桌椅等基础设施，为快递小哥学习教育、间歇休息、手机充电、如厕饮水等提供服务。完善保险支持机制，引导企业规范投保行为，推动社会保险行政部门依法快速作出工伤认定决定。发挥公益基金纾难解困作用，依托行业协会、慈善组织等机构，向身患重病、意外伤害造成家庭生活困难的快递员提供综合救助服务。同时，推动智能快件箱、快递快餐收发点等快递送达设施纳入社区公共服务基础设施，为末端配送创造便利。通过职工热线等线上平台及工会法律服务站（点）等线下渠道，为快递员提供公益法律服务。

促进职业发展，让快递队伍“强起来”。在推动职业发展方面，加强快递员岗前培训和职业技能提升培训，完善培训课程体系建设，推动线上教育与线下集中培训相结合。积极推进职工素质建设工程，推动高等院校、职业院校、行业协会、企业等对快递员参与成人继续教育给予支持。

此外，健全人才培养体系，实施快递人才素质提升工程，健全快递行业职业技能等级评价、职称评审等多层次技能人才评价方式。

引导参与社会治理，让快递队伍“动起来”。为推动快递队伍参与社会治理，健全快递员“平安广州”义务巡逻机制，成立骑手志愿队、反诈宣传队、消防志愿宣传队等，引导快递员积极参与“广州街坊”群防共治队伍。打造快递员安检队伍，落实实名收寄、收寄验视、技防安检、持证经营、从业人员登记等“五项制度”。同时，引导快递员积极提供涉及重大民生问题、违法犯罪问题的线索，对表现优秀的快递员给予一定的物质奖励和荣誉奖励。推进快递扶贫，引导快递企业推广“寄递+电商+农特产品+农户”模式，畅通贫困地区农特产品销售渠道，助力乡村振兴。

（三）强化激励引导，把快递行业党建“带起来”

广州市注重发挥快递行业人才、资源、平台等优势，制定两新组织党支部规范化建设指导标准，推动快递行业党建达标创优。建设物流行业党建培训教育中心，加强对重点企业党组织书记培训，积极引导快递行业党员参与志愿服务和公益活动，为疫情防控、复工复产、脱贫攻坚、社会治理等献计出力。设立党员示范岗、党员责任区，开展党员快递员文明从业承诺，积极促进党员主动亮身份、作表率。举办“羊城快递哥、勤劳小蜜蜂”宣传服务周活动，开展快递企业和快递小哥公益服务活动，引导寄递物流企业和快递小哥履行社会责任，参与社会治理，弘扬正能量。

随着新经济新业态蓬勃发展，新就业群体队伍成为吸纳城乡就业的“蓄水池”，呈现出用工模式灵活、流动变化快、分布范围广的特点。这种“满天星斗”式的新情况给传统的基层党建工作带来不少新问题。针对快递小哥等新就业群体灵活多元的用工模式，广州市举办了多场政策培训会，通过多种方式发布参保指南，引导帮助快递小哥等灵活就业人员参加企业职工养老保险、新业态工伤保险。

在劳动维权方面，广州市探索建立了特殊工时管理制度，将快递小哥等灵活就业人员工资发放情况纳入监控范围。同时，还组建了“法治领创”律师服务团，通过职工热线及信访大厅服务站等途径，为陷入劳资纠纷、消费争端的快递小哥提供法律服务。推动适应新业态的社会保障制度改革，帮助灵活就业人员参加工伤保险18.34万人、缴纳公积金2535人。推动写字楼等快递外卖量大的场所设置3395个临时存放点、2万多组智能取件箱，快递员日派件量翻了两倍、月收入增加1200多元。建立全国首家新就业形态劳动者法律援助工作站，为陷入劳资纠纷的新就业群体提供免费咨询累计1225人次。开设快递员疫苗接种专场，组织快递小哥、外卖骑手接种疫苗累计19.6万人次。①

在职业发展方面，广州成立了灵活就业与新业态就业服务联盟，开设灵活用工专场招聘会29场次，引导442家次企业累计提供1.92万个就业岗位，为快递小哥等新就业群体就业转岗提供一站式服务。加强快递小哥岗前教育、技能提升、自主就业等培训，发放“以工代训”专项补贴金额超4400万元，推动1.5万名快递小哥接受教育培训。②

二、推进互联网企业党建工作

作为互联网行业发展的先发地和集中地，广州互联网企业集聚效应明显，数量多、规模大，成为经济发展的重要组成部分，也是推动广州高质量发展的强大引擎。近年来，广州市组织部门和网信部门把互联网企业党建当作城市基层党建的重要领域和重要阵地来抓，深入研究互联网企业党建工作规律，区别于一般非公经济组织党建工作，着力突出互联网企业党建的政治功能，筑牢红色阵地。在维护网络空间安全、推动产业创新发展

① 《广东省广州市，以党建引领两新组织高质量发展》，《南方日报》2022年1月23日。

② 《广州快递企业获专项职业技能培训补贴资金超4400万元》，《电商报》2020年12月15日。

等方面发挥企业党组织的战斗堡垒作用和党员先锋模范作用。以“党建+”和“互联网+”思维融合“安全、公益、服务、文化、共享、创意”等元素，实现“党组织需求最大化”和“党员作用发挥最大化”的同频共振效应，在实践中探索出了符合实际、各具特色的互联网企业党建做法。

（一）“夯基垒台＋架梁立柱”：抓实两个覆盖

广州市紧贴互联网企业集聚性强、优胜劣汰更替快、人员流动频繁等特点，夯基垒台、立柱架梁，牢牢扭住互联网企业发展的特点和新时代加强党的建设总要求，着力理顺体制机制，健全组织体系。通过条块结合和网格治理双向发力落实主体责任，理清责任链条，拧紧责任螺丝，提高履责效能，打通关节、疏通堵点、激活全盘。

一是完善工作体系。市委明确市网信办主抓互联网企业党建工作职责，依托市网信办成立互联网行业党委，配备专职副书记，在市委组织部统筹领导下，将互联网协会和重点互联网企业纳入工作管理体系，基本形成责任明晰、条块结合、上下联通的工作体系。

二是推进组织覆盖。统筹市非公企业党委、属地党委等力量，对重点企业党建进行重点培育，对重点企业的高管进行重点培养。通过区域联建、产业共建、龙头带建、升格扩建等方式，推动天河产业园、开发区、琶洲互联网创新集聚区等互联网企业集中分布地的党组织建设。广州市动景计算机科技公司（UC动景）等多家企业成立了或正在申报成立企业党委，培养多名高管积极向党组织靠拢。

三是持续巩固提升。建立小谷围街大学城粤港澳大湾区青年人才双创小镇党群服务中心，广州互联网协会联动小谷围街道，依托小谷围街大学城、产业园区、商圈楼宇、社区等资源，进一步推动互联网企业党建工作覆盖攻坚。以“党建引领互联网”为核心，以促进“党员凝聚、人才培育、企业发展、科技创新、群众成长”为服务方向，建立“红色联盟”“活力之地”。按照市委“令行禁止、有呼必应”基层党建格局要求，推进新时代互联网党建工作在基层的实践性探索。

（二）“政治堡垒＋红色引擎”：发挥功能作用

党建工作需求在基层，动力在基层，实践在基层。作为一项实践创新性工作，互联网企业党建必须更好地引导年轻人爱党、爱国、爱岗，创新开展党建工作，才能抓住年轻人的核心诉求，稳“故”纳“新”。加强互联网企业党的政治建设在加强政治文化建设、涵养风清气正的网络政治生态方面具有不可替代的重要作用。广州市互联网行业党委要求互联网企业党建应突出党组织的政治功能，发挥政治引领作用，切实做到“党建在企业文化中、党建在实际工作中、党建在群众活动中”。团结凝聚企业党员和互联网从业人员的力量，在网络意识形态引领、网络政治导向等方面发挥正面引导作用，不断提高党的凝聚力、战斗力、创造力。

一是筑牢红色阵地。只有充分发挥互联网企业党组织“关键内核”的作用，才能使互联网企业始终与党同向同行，确保互联网企业始终坚持正确的政治方向、舆论导向和价值取向，变“前沿阵地”为“红色阵地”，从而牢牢掌握住互联网产业发展的主动权和话语权。首先，支部建在业务中心、党员设在关键岗位。广州华多网络科技有限公司是国内最大的互联网语音视频平台提供商之一，上市项目总市值位居广州互联网企业第一，旗下拥有YY直播（2018年全国互联网百强企业）、BIGO LIVE、100教育、知牛财经等直播平台。华多网络党委以“打造互联网先进文化守护者和传播者”为工作理念，按照“支部建在业务中心、党员设在关键岗位”原则，不断加强党组织建设，优化组织设置，实现党组织设置与企业架构有机融合。把符合条件的部门负责人、经营管理骨干、技术能手发展为党员、吸收进党委，确保重要部门有党员领着、核心岗位有党员带着。其次，实现党组织对重要岗位的覆盖。广州荔支网络技术有限公司党支部隶属中共广州羊城创意产业园非公有制经济组织党委，党支部书记由副总裁兼任，运营、市场、内容安全等部门的一把手或骨干均为党员，实现了党组织对重要岗位的覆盖。党支部书记固定参加公司管理层会议，党支部与内容安全部门每周定期举行内容安全例会，共同讨论内容安全管理策略和举措。党支部与业务部门建立协作机制，重大内容清查行动由党支部和各部门共同制定方案，并督促落实。公司还建立由党支部领导的内容安全小组，对平台内容安全情况开展常态巡查。再次，确保重大项目有党建。UC动景党委以优秀党员为核心形成先锋团队，建设一支政治素质过硬、业务能力过硬的人才队伍，保证在企业开展重大项目时，有一支“招之即来，来之能战，战无不胜”的队伍。选任10名党员骨干负责网络安全，带领一支1000人的审核团队，实现24小时实时监管，每天清理上万条不良信息，为企业重大项目运营提供党建支持。

二是播撒红色种子。增强互联网企业党组织和党员的政治责任感，在重点岗位、重点项目、重点内容提高组织把控力。对一些以信息媒体、影视传播、游戏娱乐为主业的企业，推动互联网企业将党建工作纳入业绩考核体系中，做到重点项目有党建、重点岗位有党员、重点内容讲政治。确保互联网企业全体党员严格遵守党的政治纪律和政治规矩，做健康政治文化的践行者，良好政治生态的营造者。第一，“党建+直播”。荔支党支部推动公司把弘扬主旋律、传播正能量作为内容运营的首要原则，先后策划开展了党的十九大精神宣讲、深入学习《习近平谈治国理政》（第二卷）宣讲等直播活动，联合羊城晚报、南方报业，推出“用梦想为祖国打CALL”和纪念改革开放40周年H5传播活动。第二，“党内教育+企业文化建设”。广州九尾信息科技有限公司党支部结合企业生产经营和职工思想实际，开展形式多样的教育活动，引导广大职工解放思想、转变观念，为企业发展献计献策。公司每月开展由党支部组织的“OPEN DAY”活动，让广大青年员工、党员与总经理和高层管理人员面对面活动，让员工参与民主管理，给公司发展提建议。第三，“党建+音乐会”。酷狗音乐作为中国排名第一的数字音乐平台公司，围绕酷狗音乐产业背景，利用互联网信息技术，党建工作通过020（线上到线下）模式开展。在线上，开展微党课，建立学习和交流的网上平台，着力于打造酷狗音乐会平台，在音乐会活动中融入党的元素。让年轻党员带头去唱响红色主旋律、传播正能量。支部牵头与直播平台联合发起《酷狗绿色直播你我同行》的倡议活动。定期为党员举办“酷狗党员音乐会”“酷狗音乐公益行”等品牌活动。利用中华人民共和国成立70周年等重大节日推出“唱响初心”“我与祖国共奋进”等网络演唱会专区，用正能量歌曲，唱响新时代，覆盖亿万用户，多个红歌歌单达到千万级别。鼓励党员积极主动学习党的十九大精神，响应党的“不忘初心”的号召。发起《中国梦》主题原创音乐歌曲征集，“唱小梦，圆大梦”，在短短三个月内，就征集到了千首原创音乐作品，歌曲专区线上点击率达到百万级别。第四，“党建+公益”。广州网易互联网技术有限公司（以下简称网易）党委积极思考探索党建工作，不断创新党组织生活，本着“贴近工作、贴近实际、贴近需要”的原则，以“党建+公益”的模式，结合党员热心公益的特性，联合共青团、街道社区以及公益组织，组织党员志愿者开展党员主题公益活动，提升党员参加组织生活的积极性。自2019年3月以来，网易党委已开展5场主题公益活动，参与人数约200人，在网易新闻、新浪、今日头条等多个主流媒体进行宣传报道，受到社会各界好评。其中网易希望小学公益项目获2018年南方公益传播奖“科普助学”单项奖。

三是传承红色基因。第一，加强对互联网领军人物的政治引领。对于一些企业高管尚未成为党员的企业，积极培养企业高管向党组织靠拢，邀请他们参加主题党日活动等，加大统战工作力度。牢牢抓住互联网企业出资人和互联网媒体领军人物的政治引领，以达到提高认识、统一思想，以点带面推动互联网企业政治建设的目的，努力营造良好的网络政治生态。第二，加强对互联网企业年轻人的政治教育。根据互联网企业年轻人多、工作生活高度依赖网络的特点和实际，互联网企业普遍结合企业优势，积极探索“实体+虚拟”的活动场所，推行线上、线下“双线互动”活动方式，推动互联网企业党组织生活全面革新。UC动景党委开展了“践行宗旨，由我做起”的主题评议活动以及以“从互联网企业角度出发，实现伟大中国梦”为主题的党员组织生活会等活动。酷狗音乐党支部与深创投第二党支部双方党员代表共同赴广州起义烈士陵园开展共建活动。瞻仰革命遗址，缅怀革命先辈的丰功伟绩，重温革命先辈的光辉历程，自觉接受爱国主义教育。花镇党支部组织红色教育基地参观活动，带领党员参观广东省档案馆、中共三大会议旧址。组织党员观看央视专题节目《榜样4》，学习黄文秀等同志的先进事迹。通过深入社区，了解群众需求，开展单车整理志愿活动、卫生清洁服务活动，亮明党员作为，为人民服务。科大讯飞与中宣部舆情中心沟通使用讯飞的语音播报等技术赋能“学习强国”App，让8000多万党员在“田间地头”都可以用听的方式学习习近平总书记重要讲话精神。在庆祝中华人民共和国成立七十周年之际，科大讯飞为中央广播电视总台旗下三网全力建设的“人工智能编辑部”推出的首批重点产品《课本里的新中国》提供语音技术支持，号召广大网友通过朗读经典课本中的片段，为中华人民共和国70周年华诞送上祝福，微博话题阅读浏览量超10亿。

（三）“典型示范＋品牌建设”：拓展网络党建平台

习近平总书记指出，要高度重视信息化发展对党的建设的影响，做到网络发展到哪里党的工作就覆盖到哪里，充分运用信息技术改进党员教育管理，提高群众工作水平。[①]拥有得天独厚的技术力量，是互联网企业的先天优势。近年来，广州市互联网企业利用自身的“互联网+”技术与思维，把“键对键”和“面对面”结合起来，打造适应受众特点、丰富传播内容、创新互动方式、充满正能量、党员群众喜爱的多样化的网络党建平台，推动党建工作由现实空间扩展到网络空间。

一是打造党建信息传播平台。以新一代移动互联网技术整合党员卡、党建信息系统、党建网站、手机党建报和党建三维地图等各类党建信息载体，实现对各项党建信息数据的完全链接、融合及提取，以此构建数字化、智能化的党建工作系统运行全图，创新党建活动方式，扩大党建的覆

① 林子：《以大数据助推新时代党建工作》，《红旗文稿》2021年第9期。

盖面，增强党建的吸引力，提升党建的影响力。例如，天河互联网产业园在天河智慧党建平台开设主页，注册“互联网产业园党员之窗”微信公众号、党员学习交流微信群等，创立“互联网+党建”刊物，及时对党务工作信息进行记录、发布和展示，使产业园党委下属支部之间、党员之间能够及时进行思想沟通和信息交流。广州百田信息科技有限公司充分发挥企业的互联网基因特色，建立了百田党建专题和百田党员微信助手、百田党员微信群的“一主两副”党建工作平台。在百田专题内开辟了“时政热点”“理论学习”“党员风采”等栏目，宣传党的路线、方针、政策和最新理论成果，宣传中央和省市委的重大决策部署，宣传优秀共产党员的先进事迹，传递正能量。

二是打造党性教育网络主阵地。针对移动互联网时代党员学习碎片化的特点，制作一批微课程、微视频，见缝插针式地推送教学内容。让党员互动和分享，以激发学习兴趣、提高学习效率，使互联网成为加强党员党性教育的主阵地。互联网企业积极适应新形势和新任务的要求，依托大数据、云计算、互联网等新一代信息技术，开拓创新，把党的组织建在互联网上。让党建工作插上科技的翅膀，不断提高党组织建设、党员教育管理服务工作网络化、智能化水平。三七互娱与员村街道合作，研发“党建知识答题小游戏”，通过游戏形式，让街道、社区党群同志学习党史、国史、员村地方史，在街道内掀起学习高潮。广州百田信息科技有限公司党支部建设网上党建基地OA，以党性教育为主题，形成革命历史教育、爱国主义教育、警示教育等教育体系。将名称、历史背景、典型事件、人物事迹、主要精神、培训成效等以文字、图片、音频、视频等多种形式，在网上党建基地OA设立专区加以呈现。

三是打造党课入脑入心多元载体。科大讯飞华南有限公司党委推出的全球首款多语种虚拟主播，通过录上一段真人的语音视频，根据文字内容，人工智能技术就可以自动预测真人表情，实时合成唇形。虚拟主播不仅会说中文，还会说英语、日语、韩语、泰语等8种语言。利用这种技术，公司合成了各种人物影像，并制作了系列党课视频，为公司党员尤其是异地党员提供了全天候的学习材料。让“两学一做”以及“不忘初心，牢记使命”等学习工作真正落到实处。针对党员及党务人员在平日党建工作中，都会遇到不清楚某些党的具体知识的情况，研发“训练”机器人对党的主要知识进行学习，比如党章、入党誓词、党的热门词汇以及党务相关知识。机器通过学习上述知识，能在人们提问的时候，准确地回答上来，既及时又准确地解决了广大党员及党务人员的疑问，显著提升了广大党员学习的积极性，受到了党员同志们的一致好评。酷狗音乐专门设置了一个党员培训室，将习近平总书记重要论述、党员责任和义务、入党誓词等内容上墙，并在培训室里定期举行“党音酷学堂”活动。将“三会一课”“两学一做”融入“党音酷学堂”中，通过音乐的形式，让党员在其中有所乐、有所学、有所获。

（四）“把关定向 + 同频共振”：推进党建业务交融

互联网企业主要从事“信息经济”，借助网络开展业务、进行交流，信息的流转速度较快，公开透明度较高。但同时容易受到外部网络的影响，信息的放大效应也较为明显，容易出现“人云亦云”“随大流”的情况，在判断认识方面出现偏差，甚至出现群体性行为。广州身处改革开放前沿，各种思潮更加活跃，互联网斗争更加复杂，保证互联网企业的正确政治方向尤为重要。近年来，广州市高度重视互联网企业党建工作，将其作为基层党建工作的重要领域和薄弱环节来抓，充分利用互联网企业技术优势、人才优势和传播优势，充分发挥党建和互联网的各自优势，努力探索把“党建+”与“互联网+”进行嫁接的先进做法，使党的领导落实到网络上。在互联网企业中注入红色基因，涌现出一批“互联网+党建”的积极践行者，有效促进了企业发展和党员成长，不断提高互联网企业党建工作质量。

一是组建党员先锋队。用党性护卫网络前沿阵地安全。UC动景是全国知名互联网企业，有员工3700余人，党员600多名。公司党委成立以来，非常重视网络意识形态安全，组建了守护网络安全的党员“UC守护先锋队”。由10名党员骨干负责，带领1000人的审核团队实行24小时实时监管，每天清理上万条不良信息，确保整体网络内容的积极健康、向善向上，营造清朗的网络空间。作为阿里文娱集团内最重要的媒体平台，UC致力于协助传统媒体，为6亿用户带来党的十九大最新、最热、最及时的新闻内容。从产品、运营、算法、审核、政府事务等党员团队抽调精英组成专项小组，做强党的新型舆论阵地、壮大主流思想舆论。UC党委开展全员动员，让每个员工认识到网上安保的严峻形势，提高认识，确保每个业务场景和环节能够加强安全管控。会议期间，加强人力保障，切实落实7×24小时值班制度，及时、有效的应对处置各类指令要求，确保1分钟响应。在党的十九大召开期间，UC“十九大频道”累计发稿583篇，累计点击量达到1.5亿次，积极唱响主旋律、汇聚振兴发展正能量，为学习贯彻党的十九大精神营造良好舆论氛围。

二是运用管理会议工作法。用党员先进性领航企业健康发展。网易是国内具有影响力的商业门户网站，有非常丰富的产品矩阵，网易邮箱、163门户网站、网易互动娱乐、移动互联网是网易四大核心战略业务。除四大主营业务外，网易公司近年还积极开拓电子商务、“互联网+农业”、互联网金融等新业态。近年来，网易党委注重发挥党组织的教育管理监督作用，创造出“管理会议工作法”，引导党员管理层和党员骨干积极参与企业重大决策，为党员骨干监督企业健康运行搭建了制度化平台。网易党委创造管理会议的目的在于通过批评与自我批评，增强自身发现问题并解决问题的能力；集中集体智慧，更好进行业务决策，防止和减少决策失误；公开坦诚，更有效地实现互相监督。管理会议要求各党员干部和管理干部，在会前对照检查上一次管理会目标达成情况，进行自身问题检查，进行业务未来规划的交流沟通，准备改进方案。在会中需对上次管理会目标达成情况和自身问题检查结果进行汇报，其他参会人员补充反馈问题。如有确定未达成上次管理会承诺目标和造成重大问题的主要责任人则要进行追责处罚。书记和最高管理层提出整改要求后，各党员干部和管理干部根据要求制定整改落地项目方案（含目标、责任人、项目成员、时间轴、项目进度反馈承诺、考核承诺），通过立项评审后确认立项项目。会后，由党务工作者发布会议纪要，并对立项方案进行跟踪反馈。网易党委管理会包括月会、季会、半年会议。公司绝大部分的业务决策都是通过管理会，由各党员干部和管理干部秉承“畅所欲言、积极反馈、客观坦诚、就事论事、包容不同”的会议公约，集中集体智慧讨论而来。网易党委把“党建+”和“互联网+”的优势结合起来，通过组织创新和制度创新，充分发挥党委在企业营运管理中的政治领导作用，为互联网企业加强党的领导探索了有益经验。

三、探索“红色物业”党建新模式

随着新型城镇化的快速推进，物业成为城市基层治理的重要环节之一。然而，由于社区居委会、小区业委会、物业服务企业“三驾马车”之间定位模糊、责任边界不清晰，导致物业管理职能缺位、错位、不到位等情况以及矛盾纠纷时有发生，居民幸福指数深受影响。为提升城市基层党建的整体效应，破解城市基层物业管理难题，广州积极探索基层共建共治共享的“红色物业”新模式。把增进人民福祉作为一切工作的出发点和落脚点，从讲政治的高度，将对“物”的管理转变提升为对“人”的管理，促进居委会、业委会和物业服务企业等多方整体联动。不断推动物业服务水平全面升级，居民群众满意度和幸福感大幅提升，为广大人民群众提供温馨优质的服务、安全可靠的物业保障。

（一）打造全域“星火”服务基层治理

保利物业以党建为引领，以国家战略为使命，将具有保利特色的红色物业“星火模式”赋能于社区、公服与商写等多元领域，发挥大物业时代的国家力量，助力一线基层社会治理。从2019年起，保利物业在全国各平台公司试点红色物业——“星火社区”创建。在“十四五”规划提出构建基层社会治理新格局的时代背景下，保利物业经过两年的探索与实践，紧跟党建引领步伐，2021年6月正式发布红色物业2.0版——“星火模式”：从星火社区，到星火街区，再到星火楼宇，首次将红色物业进行全业态延展。

相对传统红色物业仅关注“社区”业态，“星火模式”关注的是“社区、公服、商写”共同组成的多个业态。“星火模式”内核可总结为星火4P体系（Party党建引领、Procession队伍机制、Propagate文化牵引、Promote品质提升），也即“一面旗帜，三个阵地”。横向上看，“星火模式”关注的是红色物业的全域业态。结合“社区场景”的需求，推出“星火社区”；结合“公共服务场景”需求，推出“星火街区”；结合“商写场景”的需求，推出“星火楼宇”。纵向上看，“星火模式”不仅关注基础服务的品质提升，而且也关注服务的深度挖掘。不仅关注环境卫生、安全秩序、社区精神文明建设等基础物业服务的品质提升，而且关注城镇绿化、街区人文风貌、楼宇红色文化。不仅关注环境卫生、安全秩序、社区精神文明建设等基础物业服务的品质提升，也关注街区人文风貌、城镇绿化、楼宇红色文化，将服务融入人文理念，进行深度全域化探索。

协同推进党建、营商和治理。保利物业以推动党建、营商、治理协同并进，促进楼宇经济高质量发展为目标，通过“星火楼宇”模式打造有温度的楼宇社区价值共同体、利益共同体、治理共同体和责任共同体。保利物业星火楼宇通过“123”运行机制实现楼宇内企业党组织破圈融合，为新形势下推进城市基层改革创新交上了一份保利“红色答卷”：“1”指“一个引领”即党建引领，成立楼宇党组织；“2”指“两个功能”即聚焦政务辅助功能和服务功能两个核心功能；“3”指“三类服务”即将楼宇党建工作落实至党务服务、政务服务、事务服务。保利物业面向楼宇党组织及其党员职工开展宣传教育、党组织活动等基础性党务活动，以扩大基层党组织的组织覆盖面。

立足楼宇阵地。广州保利发展广场还设置了政企服务中心，联系政府相关部门把资源汇聚到党群服务站平台，推动服务窗口前移，设置咨询窗口、一站式服务站点。作为畅通社会有效资源的重要环节，服务力量辐射琶洲商圈，提高政企沟通效率，为楼宇企业经营发展赋能。事务服务方面，充分运用“互联网+”手段，强化线上报事报修、租金缴纳、信息发布、学习交流、活动预约等，提高物业服务和信息获取的便捷性。致力于建设共商共建共享的可持续发展楼宇生态。党建引领物业管理创新，在协同社会治理的过程中，助力共建共治共享，赋予城市人文温度。随着大物业脚步的迈进，保利物业将“星火模式”从社区延展到公服、商办业态。这是积极响应党的十九大精神，加强党建与业务融合，打造党建服务品牌，助力地方城市基层党建和社区治理工作的有益探索。

（二）探索开放式老旧小区管理服务模式

老旧小区缺失物业，历来是城市治理的“老大难”。广州市住建部门印发《广州市老旧小区改造项目引入日常管养参考指引（试行）》，以老旧小区改造为契机和助力，推进老旧小区完善后续管养，建立“党委领导、政府组织、业主参与、企业服务”的长效管理机制，为引入专业物业公司作出指引。白云区景泰街云苑景泰片区引进物管公司和家生活科技有限公司（以下简称和家）探索开放式老旧小区管理服务模式，以大片区“物管”赋能基层治理，实现片区环境卫生、安全秩序、便民服务等全方位升级，让居民住得更安心、更舒心、更有归属感。

云苑景泰片区位于白云区景泰街，由云苑新村1期（云苑南）、云苑东、云苑西、景泰东、景泰西、景泰北6个老旧社区组成，均建于20世纪80年代，历史原因使其成为无物业管理的区域。由于缺乏管养，基础设施老化、环境卫生差、车辆乱停乱放、公共服务不足等问题尤为突出。

构建红色物业精细化服务体系。在街道党工委的统领下，和家成立和家景泰项目党支部，联合居委会、居民代表，协同社会组织、社区商户等，搭建“1+3+N”的多方共建联席会。坚持党建引领，构建红色物业精细化服务体系。在社区事务的管理过程中，和家注重发动居民参与，号召退休党员、热心群众等成立志愿者团队“和家好邻居”。已吸纳一批居民加入，与社区、物业一起开展参与社区建设和服务，例如秩序维护、垃圾分类、巡逻反馈等。引导居民树立主人翁意识，进一步增强对社区的归属感和认同感。和家物业依托网格管理模式和“和家好邻居”队伍，在线上线下搭建多种信息反馈渠道，收集民情民意，协助打通社区与居民连接的“最后100米”，提前掌握居民的需求，做到“未诉先办”。对居民的诉求快速响应，积极推进三事分流，即大事不出街道、小事不出社区、私事协调解决，做到“来诉即办”，争取将社区矛盾化解在一线。

增进邻里情谊和社区凝聚力。按照“从小区到片区，从整治到活化”的思路谋划连片改造，以片区—街区—社区的路径串联，以点带面，改善基础设施，解决雨天积水、水压不足、三线杂乱等民生痛点。统筹利用片区内的公共空间、配套设施、闲置区域等资源，合理配置社区公园、健身器材、休憩场所、停车位等配套设施，实现社区资源共享和功能互补，满足居民休憩、娱乐、运动、集体活动等需求，大大提升了片区宜居水平。此外，和家物业积极举办社区检修、社区义诊、社区集市、乒乓球赛、唱红歌、关怀空巢老人等多类型活动，丰富居民生活，增进邻里情谊和社区凝聚力，提升居民的生活满意度和获得感。

加强多方联动。云苑景泰以大片区“物管”理念将6个社区整合共管，打破传统管理壁垒，挖潜片区可利用资源，形成规模化管理，着力降低管养成本，推动长效管养机制建立，打造有“面子”、重“里子”的社区新秩序。街道每月会组织市政所、执法中队、社区和和家召开一次多方协调会，对涉及片区治理的需协调事项进行讨论研究，指导和家做好片区物业管理，更好发挥专业团队力量，维护片区安全秩序。以车辆违停整治为例，云苑景泰作为开放式老旧小区，公共区域经常有外来车辆随意停放，阻碍行人通行甚至堵塞消防通道。和家物业在街道的指导下，联合治安联防小组进行巡逻整治，对片区违停车辆车主进行劝告或在车身显眼处张贴温馨提醒单，提醒车主尽快驶离，一定程度上减少了违停，畅通片区街巷。常态化疫情防控下，和家兼任社区党委的“应急合伙人”，积极组织工作人员开展防疫抗疫培训，配合社区建立居民信息台账，应用社区防疫小程序做好日常监测预警，广泛宣传相关法律法规和应急预案，提高群众应急和自救能力。

（三）擦亮“红色物业”品牌

珠江城市服务管理股份有限公司（以下简称珠江城市服务）是广州国资委直接监管企业珠江实业集团有限公司的控股子公司、国家建设部物业管理一级资质企业，也是华南地区较早成立的物业管理公司之一。珠江城市服务始终坚持党建引领，高举红色物业大旗，积极践行国企担当。

“红色物业”品牌领先企业以“党建引领”为核心，以业主为中心，充分发挥党组织优势和群众工作优势，创新物业管理体制，推动小区服务功能和政治功能有效结合，重点打造“红色物业”管理服务新模式，推动小区服务更深层次融入基层社会治理。为深化“红色物业”品牌建设，珠江城市服务始终坚持党建引领，把人民群众对美好生活的向往作为奋斗目标，积极践行国企担当和社会责任，做到“居民有所呼，物业有所应”，彰显了“红色物业”的初心和担当。

高举红色引擎，急难当头勇担当。作为广州市属国有企业，珠江城市服务坚决打起“红色物业”大旗，充分发挥“红色引擎”驱动作用。通过组建红色先锋队等方式积极拓展党员发挥作用的途径和平台，号召各基层党组织、全体党员勇立时代潮头，以先锋队的精神掀起做实事、出实效、勇担当的实干之风。以“党员冲锋在前，无所畏惧”的英勇与决心，直面突如其来的大事和难事，彰显国企责任担当。例如，2020年，面对突如其来的新冠肺炎疫情，珠江城市服务党委迅速发出倡议书，组建抗疫志愿队，驰援武汉火神山医院。130名珠江管理人应声响应、主动请缨、逆行支援，怀着“国有难，召必来，来能战，战必胜”的信念和决心，37名志愿者先后奔赴武汉火神山医院奋战74天，累计深入医院隔离区消杀300余次、消杀面积逾12万平方米，搬运医废垃圾2.5万余桶，在抗疫“火线”上贡献了珠江力量。

打造红色工程，为民服务办实事。珠江城市服务积极探索“红色治理”新模式，以传承红色基因为主导，以基层综合治理工作创新为方法，聚焦垃圾分类、旧楼安装电梯等热点、难点问题，与业户、街道、居委、居民积极联动，深入参与到基层治理中去，探索形成了“五方共治”的社区治理模式，打通服务群众“最后100米”。一是在垃圾分类方面。为响应政府“垃圾分类”号召，珠江城市服务通过党员带头上门深入走访、志愿站桶、组织讲座、组织趣味活动等方式，提升业户对垃圾分类的认识。通过合理规划与布局，优化社区垃圾分类投放的路线和设备投放，赢得业户的信任。在管辖的体育花园、番禺区公安局等多个项目被评选为“广州市垃圾分类示范点”，走出一条有特色的党建引领垃圾分类新风尚之路。二是旧楼加装电梯方面。为顺利推进旧楼加装电梯工作，珠江城市服务下属华侨物业彰显红色力量，通过党建共建的方式积极与街道沟通、加强宣传引导、做好居民意愿和需求摸查等，推动旧楼加装电梯大大提速，解决居民出入难题。

淬炼红色先锋，有呼必应兴作为。珠江城市服务将基层党建工作与社区物业有机融合，将社区物业支部打造成为基层党组织服务群众的平台，把社区物业服务人员打造成党的工作队伍，充分发挥基层党组织战斗堡垒作用和党员先锋模范作用，凝聚各方力量参与基层服务，切实做到“民有所呼，我有所应”。一是成立社区功能型党支部。在社区大党建格局下，探索成立芳村芳和社区功能型党支部，形成以物业公司为主导、社区居委会和社区热心业主、业主委员会成员正式党员参与的社区大党建格局。充分发挥社区党建引领的作用，共同落实“党建工作联做、社会管理联抓、社会资源联享、破解难题联动、公益事业联办”。及时把居民“所急、所盼、所需”问题进行平等协商、集体决策、合谋共治，促进社区经济发展、社会和谐。二是把物业服务团队打造成党的工作队伍。实施“头雁工程”，坚持把最优秀的党员选拔到党组织书记岗位，把书记岗位打造成培养选拔企业领导人员的重要平台，选树一批思想政治素质好、政治引领能力强、组织协调能力强的“领头雁”队伍，在各种重要任务中当先锋、作表率，形成示范效应。

拓宽红色阵地，共建共享暖人心。珠江城市服务不断探索扩展基层党建阵地的建设工作，通过加大投入打基础，创新载体出活力，将红色阵地搭在社区、建在楼宇。不断打破空间限制，拓宽党建阵地，将红色服务延伸至基层的各个角落，实现基层组织建设和中心工作同频共振，以便利的服务、多元的活动“聚民心、暖人心、筑同心”，不断提升社区群众的归属感、获得感和幸福感。一是创建社区红色阵地。推出基层党务、民情反馈、信息处理等多元服务，在双向学习教育中化解矛盾纠纷。例如，在管的芳村花园等小区以芳村芳和议事协调中心为延伸载体，为业主提供解决纠纷、共建共治的平台。通过“组织联建、活动联办、阵地共用、服务联动、资源融合”的基层社区治理模式，为活跃在社区各个角落的居民提供办公议事、学习教育、文体娱乐、咨询服务等便民服务，真正把基层治理与基层党建相融合。二是创建楼宇红色阵地。着眼楼宇经济发展需要，持续探索楼宇党建新模式，打造楼宇红色阵地，设置“红色文化宣传墙”，营造浓厚的“红色氛围”，助力楼宇经济发展。例如，珠江城市服务管理股份有限公司佛山分公司打造了“珠江港湾—党员之家”，在楼宇内搭建公司服务党员群众新平台，建设集党性教育、企业文化建设于一体的服务基地，充分调动广大党员干事创业积极性，有效提升全体党员的思想认识和履职能力。